ヴェーバー学のすすめ

折原浩

未來社

ヴェーバー学のすすめ

目次

装幀——高麗隆彦

ヴェーバー学のすすめ

本書はふたつの章からなる。

第一章「基本構想――ヴェーバーにおける実存的問題と歴史・社会科学」では、筆者がヴェーバーの「人と学問」をどう捉えるか、その基本構想を述べる。

第二章「ヴェーバーの言葉・意味・思想・エートス論――羽入書論駁をとおして」では、羽入辰郎著『マックス・ヴェーバーの犯罪――「倫理」論文における資料操作の詐術と「知的誠実性」の崩壊』(二〇〇二年、ミネルヴァ書房、以下羽入書)を論駁する形で、当の基本構想を敷衍し、展開する。

両章あいまって「ヴェーバー学のすすめ」となることを期する。

第一章　基本構想

——ヴェーバーにおける実存的問題と歴史・社会科学

一、職業観問題――神経疾患による挫折と再起の狭間で

いまから百年あまり前の、世紀の変わり目のころ、三〇も半ばをすぎた経済学教授マックス・ヴェーバーは、重い神経疾患をわずらい、療養生活をよぎなくされていた。一九〇二年ころから断続的に論文を書けるくらいには回復するが、この宿痾から抜けきれず、一進一退の不安定な心身と「つき合い」ながら、職業的規律は避け、研究・執筆・学術誌編集・私的なサークルでの談話などに活路を見いだしていった。やがて第一次世界大戦が勃発すると、ハイデルベルクの陸軍野戦病院に勤務し、政治評論の筆もとり、戦後にはヴィーン大学、ミュンヘン大学に復職するが、その間の無理が祟ってか、一九二〇年六月、肺炎を患い、五六歳で急逝した。

一九〇四〜〇五年に発表された論文「プロテスタンティズムの倫理と資本主義の『精神』」（以下「倫理」）は、一見純然たる学術論文として、「資本主義の『精神』」（以下「精神」）の核心にある「職業義務観」と、「禁欲的プロテスタンティズムの職業倫理」との「意味連関」を問い、歴史・社会科学的に究明している。しかし、このテーマそのものは、著者ヴェーバーが、職業人として順風満帆の上昇線をたどり、少壮教授として円熟期に入ろうとする矢先、突如不可解な運命によって奈落の底に突き落とされ、最小限の職業義務すらはたせず、再起も危ぶまれ、各地を転々として療養の日々を

すごすなかから、そうした実存的苦悩の意味解釈によって孕まれたと見られる。

この病人に付き添った妻マリアンネ・ヴェーバーは、姑ヘレーネ・ヴェーバーに宛て、つぎのように伝えている。「いつかかれは、かれを一番苦しめているものがなんであるか、また口に出していいましたが、それはいぜんとして同じもので、……あなたやわたくしやその他すべての人々にとっては、**職業人** *Berufs*-mensch だけしか完全な人間とはみなされないのだという感情なのです[★1]」と。

ここに一端が示されているとおり、マックス・ヴェーバーは、「職業人」だけを「完全な人間」として称揚し、半休職状態のかれを、なにか人間としても低格化しているかのように見る人間観を、「かれを一番苦しめ」る当のものとして受け止めている。病前のかれは、そうした人間観を体現する典型的職業人であり、かれの職業活動である学問研究に、あたかもそれがかれの人生の目的であるかのように没頭し、個人としての生活時間を、その目的を達成する手段としてことごとく捧げていた。そういう「生き方 Lebensführung」を「よし」とする人生観・人間観が、かれにも深く内面化され、生きられていたからこそ、病気によってその軌道を遮られ、戻ろうにも戻れなくなったとき、近親者や「その他すべての人々[★2]」による当の人間観の表明を、かれを低格化した存在者として責めたてる咎として、痛苦をもって受け止めざるをえなかったのであろう。

ヴェーバーも当初は、近親者の激励を素直に受け、同じ人間観から、意思の力を振り絞って、抗いがたい症状を乗り切ろうと奮闘したにちがいない。しかし、こうした神経疾患のつねとして、病者が意思を掻き立てて病気と闘おうとすればするほど、いらだちがつのり、病状は深みにはまらざるをえない。やがてかれも、そうした「悪あがき」は諦め、自分を襲った暗黒の運命と「和解」しようとしたにちがいない。ということはしかし、それまでわれしらず縛られてきた人間観から、それだけ離脱し、むしろそうした人間観を相対化し、問題と感じることができるようになった、ということでもあろう。この局面を、こんどはかれのほうが妻に宛ててつぎのように伝えている。

「このような病気には、それなりに大いに好ましいところがある。——たとえばぼくにたいしては、母がいつもぼくにはそれが分からないといって少々残念がっていた人生の純粋に人間的な面を、これまでに知らなかったほど打ち開いてくれた。……ぼくの病的な素質は、これまでの間、それがなにかから自分を守るのかも分からず、なにかの護符にしがみつくように、学問的な仕事にひきつるように（痙攣して krampfhaft）しがみつく、ということに顕れていた。いま思い返してみると、かなりはっきり分かる。そしてぼくは、病気であれ健康であれ、もうあんなふうにはならないと思う。仕事の重荷のもとにうちひしがれたような気持ちでいたいという欲求[★3]はなくなった。ぼくはなによりもまず、ぼくの『赤ちゃん』［妻のこと］と人間的な生活を十分に味わい、そして自分がそれを味わっているのを、ぼくとして可能なかぎり幸福な気持ちで見つめていたい。だからといって、精神の苦しい作業が以前のようにはできなくなる、ということはないと思う[★4]」と。

　これは、じつに意味深長な自己告白である。ここには、時満ちて「倫理」の問題設定に連なる原初の直観と洞察が、未分化のまま語り出されているのではあるまいか？

　病いとの「悪あがき」を止め、運命と「和解」した静謐な心眼には、つい数年前までの自分の姿が映し出されてくる。いまにして思えば、本来は人間活動の一環として、人生をよりよく生きる、もしくは、人生が直面している問題をよりよく解決する一手段にすぎないか、あるいは少なくとも「人間的な生活を十分に味わ」う感性的生活価値や、そうしている自分をできるかぎり幸福な気持ちで「見つめ」る美的生活価値など、もろもろの生活価値との調和を保って営まれてしかるべき知的・学問的活動が、ひとたび「職業」となると、人生の中心価値ないし自己目的にのし上がり、逆にいっさいの生活時間を要求し、「痙攣」を強いる、この本末転倒の関係、しかもそうした「職業的」「痙攣」を「よし」として奨励する人間観が、どの範囲にまでおよぶのか、さしあたりは見極めがたいとしても、「すべての人々」に抱かれているように思えるこの世界、——自分はこの世界のこの関係のなかに、なすすべなく囚われていたのではなかったか⁉

なぜか？　それは、なにかそうせずにはいられない、当の活動自体に内在するよろこびに駆られて、というのではなかった。むしろそれは、「精神の苦しい作業」であり、苦しいからこそ、しかも苦しさにともなう「痙攣」／麻痺感覚のために、まさにこの麻痺を求めての逃避として希求されていた。ではいったいなにから、そうまでして逃れようとしていたのか？　なにから身をまもる「護符」だったのか？　いまだによくは分からない。しかし、それはなにか、実存の深淵にさしかけられて眩暈を覚えるような、当の麻酔剤がなければとても耐えてはいけないような、底知れぬ不安であった。この不安はいったいどこからやってくるのか？　いまのところ見当もつかない。

しかし、自分はどうやら、この不安の由来をつきとめないかぎり、そこから逃れられそうにない。自分に残されている武器、「痙攣」するなかで研ぎ澄まされてきた知性を逆手にとり、病気のなかで思いがけず開けてきた「人生の純粋に人間的な面」への感受性も活かして、この不安の正体と由来を突き止めることはできないものか？　それ以外に脱出口はなさそうなのだ。とすれば、そうした試みを、新たな「精神の苦しい作業」[★5]の中心に据え、これを軸に、感性的、美的その他、生活諸価値との調和も回復していくことはできないものだろうか。

このようにしてマックス・ヴェーバーは、「職業人」からの脱皮を遂げていった。まさにその過程で、自分の実存――の根、とはいわないまでも――と引き離しがたく絡み合っている、あの独特の「職業義務観」とその由来という問題に逢着し、新生への再起を賭けてその探究に乗り出したのであろう。

これは筆者の推測にすぎないが、ヴェーバーがほかならぬ「倫理」を執筆したことは、ちょうどゲーテが『若きヴェルテルの悩み』[★6]を書いてみずからの「ヴェルテル的苦悩」[★7]から脱したように、（自己外化としての執筆自体が）翻って執筆者自身の（神経疾患そのもの、ないしその素因とまではいかなくとも、それにともなう）症状の緩解には、多少とも役立ったのではあるまいか。それほどまでに、「倫理」という作品は、作者の実人生と密接不可分に結びついていたのではないか。[★8]この関連を抜きにしては、「倫理」の精彩に富む叙述の意味も理解できないのではなかろうか。

二、実存的原問題と「倫理」のテーマ

実存的危機のさなかに生まれた原初の直観と洞察が右のとおりで、これが「倫理」ならびにそれ以降の歴史・社会科学的研究に連なっていくとすれば、くだんの「職業義務観」は、経済の領域にかぎって、「精神」の核心として着目されるだけではあるまい。それが直接かれ自身に問題として自覚されてきた学問（近代科学）の領域についても、いな、いったん「職業」と目されるや人生に君臨し、目的と手段との倒錯をもたらす、いっさいの活動領域について、だから「芸術のための芸術」が唱えられる「（近代）芸術」についても、「国家理性」を自己目的的に追求する「（近代）政治」についても、「近代的文化諸形象」「近代人」総体について問われることになろう。それにともない、当の「職業義務観」の広がりも、当初の印象とは異なり、文字通り「すべての人々」（の持って生まれた性質）にではなく、「ヨーロッパ近代」という一文化圏に発して他にも波及した歴史の所産に帰せられ、相応の限定を受け取ることになろう。そうした「職業義務観」の、経済という一特定領域への分肢が、「資本主義の精神」ということになるが、とするとそれはむしろ、「近代資本主義」を古今東西の資本主義一般から区別する「近代の精神」と命名されたほうが適切で、誤解の余地も狭められよう。

一方、そうした「職業義務観」の由来は、「義務観」一般の通則どおりに、やはりなんといっても、とりわけヨーロッパ文化圏では、人々の精神生活を心底から規定してきた宗教性の領域に立ち入り、その深部ないしは周辺部に求められるよりほかはあるまい。とすれば、問題の「職業義務観」の基底に潜む「不安」と「痙攣」の始源も、宗教性の領域に、それも、宗教的「救済」にまつわる信徒個々人の不安を鎮める宗派にではなく、むしろ逆に、そうした不安を極大化する方向に発展を遂げた特定宗派に、焦点を絞って探究されざるをえないであろう。こうして、宗教性の領域にかかわるにせよ、特定の宗派信仰を前提とする護教論ないしは伝統的・正統的な神学／教理史とはまったく異なる問題関心から、諸宗派を類別する独自の理念型的規準ないしスケール（現実の歴史的宗派が、どこまで双方向の極に近いかを測定し、位置づける概念装置）が導き出される。これをもって歴史を照らせば、諸宗派のうち、たとえばカトリックとルター派は、救済条件の設定はそれぞれ異なるにせよ、不安を鎮める前者の理念型に近く、ただカルヴィニズム他いくつかの（やがて「倫理」で「禁欲的プロテスタンティズム」と命名される、ただし再洗礼派系は除く）宗派だけが、不安を極大化する後者の方向をたどった、歴史上はむしろ稀有な例外として、考察の主題に浮上してこよう。

ヴェーバーが母方の家系をとおして慣れ親しんでいたキリスト教が、カルヴィニズムの流れを汲む禁欲的プロテスタンティズムであったという事実も、もとより背景としては重要である。しかしかれは、それ以上に、かれ自身の根源的問題設定からして、不安鎮撫の方向にある前者、とりわけルター／ルター派よりもむしろ、後者すなわち不安極大化宗派の典型例を探し求め、(信徒個々人を「はたしてこの自分は、神によって『永遠の生』に選ばれているのか、それとも『永遠の死』に定められているのか」との問いにさらし、不安を極度に昂めてやまない)「二重予定説」を前景に押し出した、カルヴィニズムの大衆宗教性に行き当たり、これをこそ、かれにとっての主要問題としたにちがいない。ルター／ルター派は、(少なくとも「倫理」の)かれにとっては、直接、それ自体としての価値関係性において研究対象とされるのではなく、問題のカルヴィニズムの歴史的先行与件として、また、教理上また宗教意識上の比較対照項として、間接に「知るに値する」価値関係性を取得する。仕上げられた「倫理」テクストでは、カルヴィニズムが本論（第二章）で取り上げられ、不安から逃れて「救済」の確信に到達する方途としての合理的「禁欲」(「痙攣」！)に焦点を合わせ、多大な紙幅を割いて論じられ、ルター／ルター派は、先立つ第一章「問題提起」の一節で、相対的には軽く扱われているが、こうしたテクスト編成も、たんなる形式的ないし量的差異の問題ではなく、ヴェーバー個人の根源的問題設定に根ざす価値関係性の質的相違と大小を映し出しているといえよう。ヴェーバーが一九〇三年、『アルヒーフ』旧一八巻の巻末で、新編集一九巻に掲載を予告した論文のひとつ[★9]は、「カルヴィニズムと資本主義」と題されていた。

しかもそのさい、ルターやカルヴァンといった各宗派の始祖が、表向きなにを唱え、語り、書き残したかは、かれには、第一次的な問題ではない。もとより、そうした教理・教説を文献で調べて「考慮に入れ」る必要はあろう。しかし、肝心要の問題は、そうした次元にはない。むしろ、そうした理念・教理・教説が、まずは始祖をとりまく司牧者たちに、ついではかれらの司牧を介して広汎な平信徒大衆に、さらには（そうした平信徒大衆の「（生き方の）範型」を、宗教的「救済」以外の目的から、多少とも目的意識的・「目的合理的」に採用する）いっそう広汎な、当該宗派以外の諸社会層大衆に、[★10]どのように、いかなる「意義変化 Bedeutungswandel」をともないながら、受け入れられ、やがては（むしろ無意識のうちにもはたらく）「エートス」と化して、結果的に、ヴェーバーを取り囲む「すべての人々」が、かれの脱職業化を陰に陽に／柔に剛に咎め立てるまで普及するにいたったのか、その全過程――始祖の宗教「理念」が歴史上影響力を発揮し、おそらくは「意図されなかった」結果にいたる全過程――を歴史的に展望し、その間の諸変遷を大筋において理論的に把握し、そうすることによってそうした歴史の動向に明晰な態度決定をくだすこと、これこそがかれにとって肝要なことなのである。自分の実存的問題をそっちのけにし、そうした問題から切れたところで、歴史上の教理・教説をいくら捏ね繰りまわしても虚しかろう。そもそも「不安を鎮める宗派」と「不安を極大化する宗派」というような分類からして、伝統的・正統的な神学者ないし教理史家の思いもよらない、かれらの専門職業的に温存されてきた価値観・価値意識には抵触する、なにか許容しがたい規準と感得されたにちがいない。経済学者ヴェーバーは、そうした事情は重々承知し、専門職業的な教理学者や歴史家との軋轢も覚悟のうえで、あくまでも自分自身の実存的問題設定と原問題関心に忠実に思考を展開し、不慣れな領域をも開拓していく。専門経済学の埒外に「はみ出し」、病をえて初めて開かれてきた「人生の純粋に人間的な側面」をやはり「概念」によって把握する独自の歴史・社会科学の方法を編み出し、実存的危機のさなかに垣間見られた自己像・人間像を、「ヨーロッパ近代人」の普遍的自己認識にまで鍛え上げ、彫琢していくのである。

三、自己洞察からヨーロッパ近代の自己認識へ――「倫理」以降の展開

「倫理」以降の作品群も、この観点から、「倫理」の延長線上に位置づけられよう。とりわけ、一方では「儒教と道教」「ヒンドゥー教と仏教」「古代ユダヤ教」などの「世界宗教の経済倫理」(以下「世界宗教」)シリーズ、他方では『経済と社会的秩序ならびに社会的勢力』(以下『経済と社会』)草稿が、「倫理」そのものの学問的評価にとって重要である。というのも、「世界宗教」は、大規模な比較研究ではあるが、それも著者ヴェーバーが、「倫理」を「孤立させないように」[★11]「基軸時代」[★12]以降の中国・インド・中東における諸文化圏の分化・発展を見渡し、宗教と社会との関連にかかわる普遍史的・世界史的パースペクティーフを開示し、「ヨーロッパないしヨーロッパ近代」の特異な発展をそのなかに位置づけようとした未完の労作である。他方、『経済と社会』草稿は、「倫理」において「解明」される(「禁欲的プロテスタンティズム」と「資本主義の精神」との)「意味連関」を、「世界宗教」のような比較研究をとおして同時に「因果連関」としても確証し、さらにヨーロッパにおける近代資本主義(広くは近代科学・近代政治・近代芸術など、近代的文化諸形象一般)の内生的・内部成

長的 endogen 発生・発展を（「なぜそうなって、別様ではなかったのか」と）「因果的に説明」しようとするとき、そうした「因果連関の説明」に必要不可欠な「一般経験則」「法則的知識」を、そのかぎりで網羅的に定式化しようとした、これまた未完の決疑論体系である。★13

ヴェーバーの作風は、「倫理」を書き上げるや、それを孤立させたまま、そこに最初に実を結んだ原問題関心も放擲し、まったく別個の研究につぎつぎと手を染めていく、といった「移り気型」ではなかった。かれはむしろ「粘着型」であった。「倫理」を起点として、そのテーマを胸底深く温め、一歩一歩、拡大・深化するパースペクティーフのなかで捉え返しながら、実存的危機のさなかに孕まれた「近代的職業義務観」の意義とその現代的帰結という原問題を一貫して追究し、危機におけるかれの自己洞察・自己像をヨーロッパ近代の自己認識へと練り上げていった。しかもかれは、「世界宗教」と『経済と社会』を仕上げたうえで、「倫理」末尾の（一九二〇年の改訂稿にも保存されている）プランにしたがい、「中世における世俗内禁欲の発端から、禁欲的合理主義が歴史的に生成する経緯と、それが純然たる功利主義へと解体する跡を、歴史的に、しかも禁欲的宗教性の個々の波及地域に即して究明する」★14という当初の研究課題に立ち帰り、その間の厖大な研究成果を総動員して、「ヨーロッパ近代」の歴史的運命・「来し方行く末」を見通そうとしていた。★15

「倫理」の末尾には、将来、この近代的秩序の「外枠のなかに住む者が、なんぴとであるのか、この大いなる発展の尽きるときに、まったく新しい予言者たちが現れるのか、それともかつての思想と理想の力づよい復活がおこるのか、**それとも**――そのいずれでもないなら――一種の病的自己陶酔をもって粉飾された機械的化石化がおこるのか、それはまだ誰にも分からない」と書きつけられている。著者はこれにつづけて、「もしこの最後のばあいであるなら、こうした文化発展の『最後の人々［ツァラトゥストラの予言にみえる「末人」「末世の人々」］』については、まちがいなくつぎの言葉が真理になろう」と述べ、この著者には稀有なことに、「精神のない専門家、感性のない享楽人――こうした無にひとしい者たちが［輩出し］、自分たちは人類がかつて到達したことのない［最高］段階にまで登り詰めたと［感得して］自惚れるだろう」との予言を放っている。★16

ところで、この第三の可能性は、（大塚訳では）「一種の異常な尊大さで粉飾された機械的化石になること」、（梶山訳では）「一種の病的自己陶酔をもって粉飾された機械的化石化」と訳出されている。ところが原語は、"mechanisierte Versteinerung, mit einer Art von *krampfhaftem* Sich-wichtig-nehmen verbrämt" である。なんとここに、あの意味深長な自己告白のキーワード「痙攣しながら」あるいは「ひきつるように」が姿を現しているのだ。意味を汲んで、こうも訳せようか。すなわち、近代的秩序が、第三の（もっとも蓋然性の高い）方向に向かうとすれば、その外枠のなかでは、「精神なき専門家」であると同時に「感性なき享楽人」でもある「無にひとしい者たち」が、痙攣するように（心身をひきつらせて）職業活動に専念し、それぞれの専門領域では「人類の最高段階に登り詰めた」と思い込んで「自己尊重感」を保ちながら、まさにそのことをとおして精神の生動なき「機械的化石化」を押し進めていくであろう、と。

そういうわけで、マックス・ヴェーバーは、ひとり神経疾患の荒野に立ち、自分は稀有な運命によって解き放たれた近代的職業人の「来し方」に加え、その「行く末」をも、つまりその「歴史的運命」を、まじろぎもせずに凝視していた。「倫理」は、そうした境位から、近代的職業人の（主として）「来し方」を歴史的・社会科学的に究明しようとした一プロジェクトとして、かれの労作総体のなかで、独自の位置を占めている。それは、そうした位置価に即して厳密に読解されなければならない。

いずれにせよ、一見小さな自分の実存的問題を、「ヨーロッパ近代人の歴史的運命」というような「普遍的な文化意義」をそなえた問題として、あるいは少なくともそうした問題とむすびつけて、それに相応しい方法も編み出しながら展開しえた、というところに、かれの人間としての（弱ければ打ち負かされてしまったであろう深刻な神経疾患を、そのようにして乗り越え、意義あらしめた）強さと、研究者としての（厭わしい病という人生のマイナスを逆手にとり、方法的にも内容的にも新しい歴史・社会科学の地平を切り開いた）力量と意義があるといえよう。それは、みずからの没落をとおしてまでも、さなくば至難な普遍的自己認識を打ち開いてみせる、ヨーロッパ精神の最後の輝きでもあったろうか。

四、生産的批判の要件を欠く過当な一般化と裁断――「倫理」批判の問題傾向

さて、筆者はかねがね、マックス・ヴェーバーの「人と作品」を、右に素描したような基本構想に即して捉えたいと考えてきた。すなわち、実人生における「挫折」を逆利用する形で、さなくば捉えにくい「近代的職業義務観」とそこに集約される「ヨーロッパ近代文化」の問題性を察知し、実存的危機のさなかに孕まれた根源的洞察と垣間見られた自己像を、その「解明」と「説明」に照準を合わせる独自の歴史・社会科学の方法をみずから編み出しながら、「ヨーロッパ近代の普遍的自己認識」へと彫琢していった「ヒューマン・ドキュメント」として、(「人間はこのようにまで生きられるのだ」という)可能性の極限を開示する記録として、描き出してみたいのである。

なるほど、神経疾患にともなうヴェーバーの「挫折」「転落」は、かれの経歴に触れるほどの文献には、必ずといってよいほど取り上げられ、その意義の大きさが抽象的には強調されている。しかし、それにしては、生活史上それほど重大な出来事が、なぜか当人の学問上の問題設定には無関係に通り過ぎてしまったかのように、切り離して取り扱われ、双方の内的連関が具体的に掘り下げて考えられてはいない。一貫してヴェーバーの「動機探究」に専念した安藤英治も、どちらかといえば学問上の著作のほうからその動機に遡及する方法に力点を置き、「作者の人生そのものについて「動機形成の契機を」求めていく方法[★17]」との架橋[★18]は、必ずしも十分ではなかったように思われる。筆者は、このテーマを、三八年前に骨子を発表して以来、ずっと温めてきた。

ところが、筆者も齢を重ね、ヴェーバー研究者としての仕事の締めくくりに、この構想と素材はなんとか形あるものにして残さなければならない、と考え始めていた。しかしその前に、専門上の懸案、すなわち、ヴェーバーにおける社会学の生成過程を明らかにし、その最初の具体的展開である「一九一〇～一四年草稿」（従来版『経済と社会』第二／三部、『全集』版Ⅰ／22）の誤編纂を是正して再構成するという課題を、片づけなければならない。そこで、昨（二〇〇二）年、教職を辞して時間を確保し、研究と執筆に専念する態勢をととのえつつあった。その矢先、羽入辰郎著『マックス・ヴェーバーの犯罪』が、言論の公共空間に登場したのである。

　過去百年間の「倫理」の運命に一瞥を投ずると、この論文には、初版の発表以来、数多の批判が寄せられてきた。しかし、それらの批判は大方、右に素描した筆者の基本構想とは対立して、（一）著者ヴェーバーにおける実存的危機からの原問題設定と仮説構成、（二）思想的／理論的背景、（三）原問題設定に由来する「倫理」全体の内容構成、（四）「倫理」を起点とするそれ以降の著作群との関連、をほとんど顧慮していない。[★19] 一般に、ある対象を矮小化して批判し、乗り越えても、批判者もまた矮小なままに止まる。それにひきかえ、大きな対象を、あるいは対象の大きな意義を十全に汲み出して批判し、乗り越えれば、批判者もまた、対象をこえて大きくなれる、と期待されよう。ところが、大方の「倫理」批判は、そうした生産的批判の要件を、少なくとも右の四点にかけてみたしていない。

　むしろ、従来の「倫理」批判は、イギリス史、キリスト教の教会史、キリスト教の聖書翻訳史、ルター研究、カルヴァン研究、バクスター研究、ウェズリー研究、フランクリン研究、その他なにであれ、批判者の専門・専攻領域に土俵を限定し、たまたま「倫理」中に関説箇所があるというので、著者ヴェーバーをその土俵に引き込み、著者自身がどんな意味で、どんな方法的限定のもとに、ある事象に論及しているのか、相手方の事情には無頓着なまま、もっぱら当該専門領域における記述歴史学や文献学の実証性規準を無媒介に適用して、論難を加えている。なるほど、そうした実証的批判は、その被限定性が自覚されているかぎり、著者ヴェーバーや心あるヴェーバー研究者には受け止められ、むしろ歓迎され、相互検証に道を開き、双方における思考展開の契機ともなりえよう。しかし「倫理」批判者は、往々にして——正確には、専門主義的な視野狭窄のうえ、自己絶対化に陥っているかぎりで——むしろ逆に、限定された批判を過当に一般化し、ヴェーバーは「史実に暴力を加える」「神の偶像を立てる」「不都合な事実を隠蔽する詐欺をはたらく」などと一方的に断罪し、ともすればかれの「人と学問」をまるごと葬ろうとする。

わけても羽入書は、追って第二章で明らかにされるとおり、一方では羽入の設定する四「土俵」、四「問題」の瑣末性（というよりも、じつは疑似問題性）、そこにおける論難そのものの無理と矛盾、他方では羽入がそこから引き出す「詐欺師」「犯罪者」「魔術師」といった全称判断の（さしあたりは）誇大性、という両端の懸隔が極大に達している。その意味で、羽入書は、従来の「倫理」批判に見られる右の問題傾向をもっとも顕著に示す、その理念型に近い。「とうとうここまできてしまったか」というのが、まっとうなヴェーバー研究者、あるいは、ヴェーバーの業績を正当に評価し活用している関連領域の専門研究者の、正直な感想であろう。かれらが、それぞれの優先研究課題に専念して、羽入書を問題とせず、「時間の淘汰」に委ねようとするのも、いちおうもっともと思われる。

しかし単純に考えて、「ヴェーバーは詐欺師である」とまでいわれて、「そうではない」と論駁できないのでは情けない。「いや、できないのではない、つまらないからやらないだけだ」といってみても、その印象はどうしても、「ひとりよがり」「逃げ口上」と、どちらかといえばよくないほうに傾く。「どうつまらないのか、論証して示せ」との声も挙がろう。こういう挑戦を放っておいてよいものかどうか。

そういう状況論はさておき、原則論としては、羽入書が言論の公共空間に登場した以上、無視・黙殺せず、公開場裡で正面から論評し、必要とあれば論駁するのが筋であろう。とくに筆者は、右に素描した基本構想からして、羽入による「倫理」の取り上げ方／ヴェーバー評価には反対であり、かれの論難を黙過し、放置することはできない。基本構想の積極的実現に着手する前に、論難の非を非として論証したい。また、羽入書が正面から論評されず、なんとなく学界・読書界に通用したかのような印象を残すことは、後段でも多少敷衍するとおり、羽入自身にとっても、羽入書の読者にとっても、よいことではないと思う。筆者は、羽入書を正面から取り上げ、正面から論駁する。

ここで予め、論駁の趣旨をかいつまんで述べておこう。羽入は、「倫理」を、いきなり（著者ヴェーバーの生活史的背景と根源的原問題設定、思想的／理論的背景、「倫理」以後の諸著作との関連、などから切り離して）取り上げ、「倫理」中のルターおよびフランクリンにかかわる叙述から、これもいきなり（「倫理」全体における位置・位置価の論証ぬきに）四つの「問題」を抜き出し、（「杜撰」

ないし「詐術」の）「犯行現場」と見なして、著者ヴェーバーを「詐欺師」「犯罪者」「魔術師」と裁断する。しかし、当の四「問題」とは、じつは、羽入が外から「倫理」に持ち込み、真の問題と錯覚している疑似問題にすぎない。羽入は、それとは知らず「ひとり相撲」をとっており、かれの論難は「倫理」には届かず、宙を舞っている。しかも、そうした疑似問題をめぐる羽入の議論自体、つまり「ひとり相撲」のとり方、「宙を舞う」舞い方も、無理と矛盾に満ちている。

それにたいして、筆者の論駁は、羽入による論難の虚妄性と無理／矛盾を暴露するだけでなく、その矛先のかなたにあるヴェーバー歴史・社会科学の一断面を掘り起こし、論難との懸隔を明らかにする。すなわち、羽入のいう四「犯行現場」で、ヴェーバーが、ルター聖書やフランクリン文献に見られる語・言葉を、どのように取り扱い、その意味をいかに解釈し、歴史上の理念・思想・エートスの「解明」に活かしていくか――かれの「言葉・意味・思想・エートス論」の具体的展開例――を、「倫理」の細部に分け入り、つとめて原典・一次資料にも当たって妥当性を確かめながら、明らかにしていく。

そういうわけで、この論駁は、右に素描した筆者の基本構想を全面的に展開するものではないが、さりとて「論駁のための論駁」ではない。むしろ羽入の論難を逆手にとり、それとは鮮やかな対照をなすヴェーバー歴史・社会科学の「言葉・意味・思想・エートス論」を、積極的に前景に取り出し、ルター／フランクリン文献に照らして再検証する。そのかぎりで、筆者の基本構想を、今後の全面展開にそなえ、部分的には先取りし、実現しようとするものである。

一般に、ある思想者（とくに教師）の力量は、自分の思いどおりに一方的に喋っているときにではなく、しばしばとてつもない質問を浴びて受け答えするさいに顕れるという。ここでは、羽入書の論難を、ヴェーバーの力量を試す好機として活かそうとする。また、羽入書だけを読んでヴェーバーを「詐欺師」と信じてしまった読者には、読み方次第ではこうも読める、という別の可能性を示し、かえって「倫理」ほかのヴェーバー著作をみずからひもとくきっかけとして活かし、「災いを転じて福とな」そうとする。

五、同位対立と批判黙殺——翻ってヴェーバー研究のスタンスを問う

とはいえ、筆者は、もっぱら学問的確信にもとづいて、非は非として論証し、読者間に誤解があれば再考を促すとしても、そうすることをとおしてなにかヴェーバーの「権威を高め」、ヴェーバー研究の「安泰をはかろう」とする者ではない。むしろ日本のヴェーバー研究には、この機会に、これから述べる二点への反省を促したいと思う。この訴えが、羽入の論難とは釣り合わない、過剰な反応であるとの反論があろうことは、筆者も予想している。しかし羽入の論難を、あえて批判ないしは抗議に見立て、そこから批判的に学ぶこともできるのではあるまいか。論争を「言挙げ」として嫌う日本の学問文化・風土に浸って、無風状態に収まっている（かに見える）ヴェーバー研究内

外にも、問題がありはしないか。羽入書が、いかに不細工で八方破れであっても、そうした無風状態にひとつの挑戦をつきつけた意味は、あえて汲み出し、自己反省と旧弊からの脱皮に活かせるのではなかろうか。

筆者はここで、ヴェーバー研究者のひとりとして、つぎの二点を反省したい。ひとつには、羽入を極端な代表例とする「倫理」批判者が、「倫理」(というよりもむしろ、そのごく一部分)に閉じ籠もる——さなくとも、事実上「倫理」中心主義に立てこもっている——のも、じつは(そうした批判にたいしては「倫理」擁護にまわるのも止むをえない)ヴェーバー研究者の側が、やはり、ちょうどそうした批判に見合う「倫理」中心主義の視野狭窄に陥り、批判者と同位対立の関係にあって悪循環の一端を担っているからではなかろうか。批判者が批判にあたって前記(一)〜(四)の諸点を斟酌しないのも、ヴェーバー研究者がそれらの諸点を十分に究明し、それらを考慮に入れることが「倫理」そのものの学問的評価に必要不可欠である所以を、「倫理」批判者にも納得のいく形で論証してこなかったからではあるまいか。とすれば、そうした問題にかけてはやはり、ヴェーバー研究者のほうができるかぎり説得力のある議論を展開して、双方が同位対立の呪縛を脱し、実りある相互批判に踏み出す方向をめざして、イニシアティヴをとるべきではないのか。筆者は、この反省にもとづき、今後、筆者の基本構想を一歩一歩実現する方向でこの要請に応えていきたいと思う。

いまひとつ、悪循環から実りある相互批判へと志向を転ずるとき、ただちに気がつくことは、後代のヴェーバー研究者よりもむしろヴェーバー本人のほうが、はるかにそうした問題に神経を使い、各領域の専門家にたいして慎重かつ謙虚なスタンスで臨み、その結果、方法上も内容上も、後世の批判に耐えうるような、緻密で精彩に富む議論を展開していた（と思われる）事実である。ヴェーバー研究者が、この事実をいかに受け止め、みずからのスタンスをどう改め、ととのえるべきか、と問うと、ことはヴェーバー研究そのものの基本姿勢にかかわってきて、回答はかなり厄介になる。

先にも触れたとおり、実存的危機からの原問題設定にもとづき、「倫理」本論（第二章）で対象とされるのは、カルヴィニズムをもっとも首尾一貫した代表例とする「禁欲的プロテスタンティズム」である。しかもそのさい、「関心の焦点 focus of interest」は、当該宗派に属する平信徒大衆の「慣習倫理的な生き方」が、いかなる宗教上の制約によって、ヨーロッパ近代の一特徴をなす「合理的な禁欲」へと形成されたのか——、そのさいじっさいにはたらいたと思われる（教理上の与件から実践的帰結にいたる）「主観的な（担い手個々人の頭ないし胸のなかにある）意味連関」を「明証的に（ありありと手にとるように）」「解明」「理解」すること、に置かれている。[★20] ヴェーバー自身の言葉を引けば、「宗教的信仰および宗教生活の実践から生み出されて、個々人の生き方に方向を示し、個々人をその方向から逸れないようにつなぎ止めていた心理的起動力 psychologische Antriebe」[★21] を取り出すことが肝要とされる。抽象理論的に要約すれば、教理ではなくて信仰と生活実践、理念ではなくて経験的現実（の観念的利害関心）、規範ではなくて実態（格率）、ロゴスではなくてエートス、が問題なのである。

とすれば、たとえば(「職業観」を含む)「ルターの教理」は、なるほど、一、禁欲的ではなく非禁欲的(なプロテスタンティズム)、二、平信徒大衆ではなく達人(中の達人)、三、エートスではなくてロゴス、という三点で、「倫理」本論におけるヴェーバー固有の「関心の焦点」からは逸れている。しかし、それにもかかわらず、ヴェーバーは、「ルターの教理」を「考察の範囲 scope」には含め、「倫理」の第一章「問題提起」第三節「ルターの職業観」で取り上げている。したがって、そのさいヴェーバーが、少なくとも「倫理」のかれにとっては周辺的また間接的な関心事にすぎない「ルターの教理」に、原則上また事実上、いかにかかわったか——「教理」を対象上・素材上の接点として、「教理」をこそ主要な専門的関心事として研究している神学者や教理史家の業績に、どんなスタンスで臨んだのか、さらにその結果、そうした周辺事項にかんするヴェーバーの叙述が、じっさいにどの程度、後世の批判にも耐えられる質的水準に達しているのか/いないのか——が問われよう。

なるほど「倫理」批判者の論難は、前述のとおり、「関心の焦点」と「考察範囲には入る周辺部」との区別には無頓着に、たとえ周辺的な瑕疵でも、それがあたかも致命傷であるかのように、針小棒大な議論に持ち込む傾向を帯びている。しかし、だからといって、そうした批判を受け止めて相互検証に持ち込むこと自体を怠り、「周辺事項にすぎない」と斬って捨てたり、沈黙(「不作為の作為」)によって批判を無視・黙殺したりするとすれば、それは、「倫理」擁護者が、まさに「倫理」批判者と同位対立の関係にあって自分の土俵を絶対化している証左であり、「ヴェーバー読みのヴェーバー知らず」といわれてもいたしかたあるまい。

顧みるに、日本のヴェーバー研究／歴史・社会科学研究に一時期ゆえあって大きな影響力をもち、功績も絶大であった大塚久雄には、他面、正面からの批判にも応答を拒む態度が見られた。「ヴェーバーの誤読は、なぜ、多いのだろう[★22]」とみずから問題を提起しておきながら、大塚自身の誤読を正面から指摘して批判しても、いっこうに取り合わない。当初は穏やかな批判も、不可解な無視が度重なるにつれて相応に激しくならざるをえないが、そうするとこんどは、「内容はともかく、批判の仕方が悪い」と無視・黙殺を正当化して、悪循環をまねく。対等な論争と相互批判をとおして学問研究を一歩でも先に進めようとするのではなく、むしろヴェーバーの著作を私物化して自分の権威を温存する守勢に傾いていたのではないか。この点、安藤英治の批判は正鵠を射ていたと思う。筆者も、この点にかけては、いつでも反論／反批判が可能な生前の大塚に、一貫して公開場裡で批判を向けてきており、いまになって「死人に口なし」「死者を鞭打つ」わけではない。日本の学問文化・風土は、論争を厭うが、むしろされればこそ、対等な論争・相互批判によって学問研究そのものを前に進め、そうすることをとおして当の風土も乗り越えていく必要があろう。安藤に倣い、偉大な先達についても、負の遺産はそれとして直視し、克服していきたい。

さて、ヴェーバーにおいて、「教理」の領域は、まず原則的・方法的に、どう位置づけられていたのか。かれがこの問いに答えていうには、「関心の焦点」としての「実践的起動力」は、少なくとも往時には、宗教上信奉された観念つまり「教理」の特性に由来するところが大きかった。というのも、往時の信徒、わけてもとくに内面性豊かな人々の（観念的）利害関心は、圧倒的といえるくらい、来世における自分の魂の運命に向けられていた。かれらは、この関心にもとづいて、宗教の提供する（現代人から見れば）抽象的な来世観念・来世における救済の観念に、（現代人には想像もつかないほど）深くコミットし、思いをめぐらしていた。そして、来世における救済を獲得・確保するためには、その要件を予め現世でみたしておかなければならないと考え、現世内の生活を、そうした要件充足に向け、みずから死活の利害を賭して形成し、ととのえようとした。したがって、現世におけるかれらの実生活を現実に動かし、形成していた「心理的起動力」を捉えるには、かれらの思いを占めていた、（来世における救済の観念を中心とする）「教理」も射程に入れ、それに通じていなければならない。

というわけで、「考察の範囲」は、右の意味で信徒たちの「生き方」の基礎をなした「教理」にまで広げ、必要なら宗教改革の始祖たちにまで遡って、かれらが唱えた教理の客観的意味解釈から、考察を始めなければならない。そのうえで、そうした教理が、（司牧者を経由して）平信徒たちに、どのように受け止められたのか、そのとき、それを信じ、思いめぐらした平信徒たちの心に、なにが起こり、かれらがいかなる「生き方」に導かれたのか、さらに、そうした「生き方」が、（この論点[★23]を逸してはならないが）どのようにして、当該宗派の平信徒の範囲をこえ、宗派外の諸社会層大衆にも普及していったのか——そうした（教理上の与件から直接間接の実践的帰結にいたる）「主観的意味連関」が、まさに「関心の焦点」として問われ、「解明」され、「倫理」以降には「因果連関」としても「説明」されることになろう。

ところで、そうした「解明」の途上における「教理への寄り道」は、ヴェーバーによれば、なるほど「神学に馴染みのない読者には煩わしく、他方、神学上の教養をそなえた人々には拙速で皮相と思われるにちがいない」[★24]が、右の理由で避けられない。ヴェーバーは、この箇所に注を付して、「教理への寄り道」における専門的神学／教理史研究へのスタンスをつぎのように表明している。

「とくに断るまでもないことだが、以下の素描が純然たる教理上の問題領域におよぶばあいには、ことごとく教会史および教理史の文献に表明されている見解、つまりは『二次資料 zweite Hand』に依拠しており、そのかぎりでおよそ『独創性』ありと主張するものではない。わたしはもとより、できるかぎり宗教改革史の原典・原資料 Quellen に沈潜しようとつとめた。しかしそのばあいにも、数十年にわたる集約的で緻密な神学研究の**導きのもとに**原典の理解に到達しようとすることは避けられなかった。そうした神学研究を無視して［初めから独自に］原典を理解しようとすれば、それはきわめて不遜なことであろう。わたしはただ、素描を切り詰めざるをえないために表記が不正確になってはいないか、事実について甚だしい誤りを犯してはいないか、とおそれ、そうしたことだけはないようにと願うばかりである。

神学上最重要な文献に通じている人々にとって、この叙述になにか『新味』があるとすれば、それは当然のことながら、**われわれ**にとって重要な観点から光が当てられ、焦点が合わされる、そうした限定の範囲内のことであろう。この観点から見てまさしく決定的に重要な事柄、たとえば**禁欲**

の合理的性格と、近代の『生き方』にたいするその意義といった問題も、神学上の教理の叙述者には、当然のことながら「われわれにとってよりも」縁が薄いであろうからである。」★25

このようにヴェーバーは、「禁欲の合理的性格と、近代の『生き方』にたいするその意義」といったエートス問題を、かれの観点からする固有の「関心の焦点」として明示し、そこにかぎってはもとより、独自の貢献を期し、見込んでもいる。しかし、教理上のロゴス問題については、教会史および教理史の先行業績（二次資料・二次文献）に依拠すると明言する。ただ、なにが「原典」で、なにが「二次資料」かは、絶対的に決まっていることではない。むしろ、なにを研究上固有の「関心の焦点」とするか、の相関項である。いかなる研究にとっても、カルヴァンの『キリスト教綱要』が「原典」で、『ウェストミンスター信仰告白』は「二次資料」である、とは決まっていない。現に、カルヴィニズムの大衆宗教性をこそ「関心の焦点」に据える「倫理」においては、関係が逆である。ルターの教理書となると、さらにこの意味の「原典」性は薄れる。右の言表そのものが、コンテクストの制約を受けて、そもそも「教理」問題にかぎっての断り書きであることに注意したい。

そのうえで、教理問題にかかわるヴェーバーのスタンスを見ていくと、かれもみずから、教会史や教理史の「原典」に沈潜するという。しかしそのばあいにも、まずは先行業績として蓄積されてきた教会史や教理史の専門的解釈にしたがって「原典」を読むという。というのも、いきなり無手勝流で「原典」に立ち向かっても、初歩的な誤りを犯したり、どう解釈してよいのか分からずに途方に暮れたり、自分の先入観を「原典」に読み込んだり、さまざまな陥穽が待ち受けているから、まずは先行二次文献に頼り、その解釈を自分なりに検証する仕方で「いけるところまでいこう」というのであろう。そうした検証の結果、稀には、いっそう妥当な解釈として自説を提起することもあろうが、そういうことは具体的な成果をもって示せばよいことだから、一般論としてはなにもいわない。ましてや、あからさまな業績誇示／独創性主張／自画自賛など思ってもみない。むしろ簡潔を旨とする素描ゆえの「舌足らず」や事実誤認だけは避けたいと遜っている。

専門的先行業績にたいするこのように慎重で謙虚な態度は、もとより学問研究を進めるうえでの格率として原則的に妥当なものである。ただ、その表明は同時に、諸領域の誇り高い専門家の神経を逆撫でして反発をまねく愚は避け、広範囲にわたる専門家から「学べるものは極力学ぼう」という実質本位の賢明な配慮に裏づけられてもいたであろう。

そういうわけで、ヴェーバーは、実存的問題設定に発する固有の関心を堅持し、方法論的に基礎づけ、その意義を確信しながらも、というよりもむしろまさにそれゆえに、周辺から辺境にいたる広大な諸領域にも、もっぱらかれ自身の関心にしたがって、たくましく越境／クロス・オーヴァーしていき、各領域をそれぞれ固有の関心事とする専門家たちから、謙虚に／しかし貪婪に学ぶことができた。かれ特有のこのスタンスは、「倫理」にかぎらず、折にふれて表明されている。ゆえあって最晩年から証拠を引けば、「倫理」を改訂のうえ収録した『宗教社会学論集』第一巻の序言（一九二〇年）には、つぎのように記されている。

「(「倫理」と姉妹論文「プロテスタンティズムのゼクテと資本主義の精神」との) あとにつづく『世

界宗教の経済倫理』にかんする諸論文では、もっとも重要な文化諸宗教［儒教、ヒンドゥー教、仏教、イスラム教、キリスト教の五世界宗教、ないしはユダヤ教を加えた六つ］と、その環境をなす経済および社会層分化との関係を見渡しながら、そのあとさらに分析されるべき西洋における発展との比較の観点を見いだすのに必要なかぎりで、因果関係の両面［宗教が経済に制約される側面と、翻って経済を制約する側面］を追究しようと試みる。というのも、そのようにして初めて、他［文化圏］の経済倫理とは異なる、西洋の経済倫理に固有な諸要素を確定し、それらにつき多少とも一義的な因果帰属をなし遂げることができるからである。それゆえ、それらの論文は、文化の包括的な分析を企てると主張するものではない。むしろ、それぞれの文化圏について、西洋の文化発展とは対照的であったか、現に対照的であるようなものが、故意に強調されている。つまり、西洋の発展を叙述するさいに、この観点からみて重要になると予想されるものにのみ、あくまで目が向けられている。ここで与えられている目的は、これ以外の方法ではどうしても達成できないと思われたのである。

だが、誤解を避けるために、目的がこのように限定されていることを、ここではっきりと言明しておかなければならない。また少なくとも専門的研究の実情に通じていない人には、これから述べることの意義を過大評価しないように警告しておかなければならない。中国研究者、インド研究者、セム語研究者、エジプト研究者は、もとよりここに新しい事実をみいだすことはないであろう。ただ、本質的なことで事実として間違っていると専門家が判断せざるをえないようなことだけはないように、とひたすら願うばかりである。そうした理想に、非専門家として少なくともできるかぎり近づこうとするこの試みが、どの程度成功しているのか、それさえ著者としては知るすべがない。翻訳を用い、碑文・古文書・文献などの史料の利用や評価の仕方についても、しばしば論争の的となっているような専門的文献に頼らざるをえず、自分ではそれらの価値に独自の判断をくだすことができないばあい、そうした仕事の価値については、きわめて謙虚であって当然であろう。しかも、『史料』（すなわち、碑文や古文書）の現在までの翻訳量が、部分的には（とくに中国について）現存する重要な史料の量に比してなおきわめてわずかであるという事情を勘案すれば、ますますもって然りであろう。そういうわけで、以下の諸論文、とりわけアジアにかんする部分は、まったく暫定的なものとならざるをえない。専門家のみ、最終的な判断をくだすことができる。[★26]」

ここまで読んでくると、ある感慨とともに、つぎの問いが脳裏をよぎる。なるほど、専門家の先行業績が蓄積された諸領域をクロス・オーヴァーしていく非専門家として、ごく当然の自戒と警告が語られていることは分かる。だが他方、ヴェーバーとて、人並みに誇り高い学者であったにはちがいなく、たとえば「ヨーロッパ中世法制史」「古代ローマ農業経済史」の専門家ないしは「エルベ河以東の農業事情」通に収まって「じっとしている」こともできたはずである。そうしていさえすれば、さほどの危険も苦労も背負いこまずに、安泰でいられたろう。それなのになぜ、こうまでして、言葉も分からない遠隔の諸領域にまで出向き、学者としての自己否定すれすれのところまで遜って、専門家に頭をさげてまわらなければならなかったのか、と。かれは、すぐつづけて、この問いに答えていう。
「ただ、これらの論文がそもそも書かれたのは、分かりきったことではあるが、こうした特殊な目的をもち、こうした特殊な観点からする専門家の叙述が、これまでになかったからである。すみやかに『乗り越えられる』とは、けっきょくのところあらゆる学問研究についていえることではあるが、これらの論文には、そのことがはるかに著しい度合いと意味で当てはまる。こうした比較のため、他の専門領域に踏み込むことがどんなに危険なことであっても、こうした研究では、そうすることがどうしても避けられないのである。」

ここで、ヴェーバーが原則上、「専門家」ないし「専門家の叙述」をどのように見ていたのか、それにたいしていかなるスタンスで臨んだのか、――この引用文では表に出ていない半面を、(実存的危機からの再起の、「倫理」とならぶいまひとつの記念碑とも綱領文書ともいえる)「社会科学と社会政策にかかわる認識の『客観性』」(一九〇四年、以下「客観性」)に遡って確認しよう。

「専門化の時代におけるすべての文化科学的研究は、ひとたび特定の問題を提起して特定の素材に照準を合わせ、その方法的原理を創り出してしまったあとでは、当の素材の加工を自己目的と考え、個々の事実の認識価値を、つねに自覚的に、究極の価値理念に照らして検証しようとはせず、それどころか、およそみずからが価値理念に依拠していること自体すら意識しなくなる。それはそれで、まあいたしかたない。しかし、いつかは色合いが変わる。無反省に利用された観点の意義が不確かとなり、道が薄暮のなかに見失われる。大いなる文化問題が、さらに明るみに出てくる。そのとき、科学もまた、その立場と概念装置とを換えて、思想の高みから事象の流れを見渡そうと身構える。科学は、ただそれだけが研究に意味と方向とを示せる星座をめざして、歩みを進める。[★27]」

なんというトーンのちがいであろう。だが、ここで、ふたつの引用に示されている両面をむすび合わせ、つぎのような解釈を引き出すこともできようか。つまりヴェーバー自身は、先に見たとおり、神経疾患にともなう実存的危機から、みずから脱職業人化を遂げ、(近代科学を拘束すると同時に発展させた)「近代的職業義務観」にもとづく「専門性」への即自的緊縛からは離脱していた。したがって、職業的専門性を越えた実存的境位から、もっぱら自分自身の価値理念にしたがい、そこから「知るに値する(価値関係性をそなえた)」諸事実を自覚的に選択し、「個々の事実の認識価値を検証」しながら、(諸事実を「知る意味」はよく自覚せずに蓄蔵している「近代的没意味専門経営」としての)専門諸学科の間を「自由に飛び交い[★28]」、ひたすら「ただそれだけが研究に意味と方向とを示せる星座をめざして、歩みを進める」ことができた。そうすることをとおして、実存的苦難のなかで孕まれた自己洞察/垣間見られた自己像を、一歩一歩、ヨーロッパ近代の普遍的自己認識へと彫琢していった。再起への見通しと昂揚のトーンをたたえる「客観性」の末尾に、右の文言を書きつけたときには、あるいはかれも、多くの同僚専門家が、(かれと同じく神経疾患に罹って近代的職業活動との実存的不整合に陥らなくとも)薄暮のなかに踏み迷い、「没意味専門経営」を乗り越えてかれと行をともにするだろうと、一瞬夢見たかもしれない。しかし「倫理」とそれ以降、「近代的職業義務観」の歴史的始源ならびに頑強な「意義変化」と定着の過程を透視したいまとなっては、昂揚は鎮静し、期待は幻想として散るほかはない。かれは、一種の諦観とともに、（神経の病と「和解」したように）こんどは「近代的没意味専門経営」とも「和解」し、そちら側に視点を移して、そこから自分の特異な境位を相対化し、自分の孤独な使命を再構築するすべも会得したことだろう。そこに生まれたのが、あの一種独特の「砕かれた」スタンスではなかったか。すなわち、専門諸学科の間を意気揚々と「自由に飛び交う」というよりもむしろ、いわば「お忍びで incognito」、諸事実を求めて「托鉢」し、「ディレッタント」による諸事実の意味づけが専門家に「乗り越えられる」ことをとおして、かえって当の専門家も「ヨーロッパ近代の普遍的自己認識」に向けて誘い出されるという、そういう否定的媒介者の役柄[★29]に（危険を負い、八方破れになっても）徹しようとする、晩年のあの醒めたスタンス、である。

六、ヴェーバー研究の二途・「からの道」と「への道」——「への道」の陥穽

さて、「関心の焦点」から「考察範囲」の辺境にいたる対象上・素材上の接点で、ヴェーバーが当該領域の専門家に対峙するスタンスは、右のとおり、実存的問題設定者／思考者として考え抜かれ、高度にソフィスティケートされた帰結だったと思われる。しかも、そうした接点の範囲は、古今東西いたるところにおよんでいた。とすると、筆者のように矮小で凡庸な一研究者は、いったいどう

すればよいのであろうか。

まず「ヴェーバー研究」一般について考えると、ヴェーバー自身と同じようになること――すなわち、ヴェーバーと同じ規模にまで研究範囲を拡大し、全範囲に接点を設けてその道の専門家と対峙・対質し、全範囲でヴェーバーを批判的に乗り越えていくこと――は（そうなしうる大学者の出現を秘かに待望し、その余地は閉ざさずにおくとしても）、かれの時代よりもいっそう専門化が進んだ環境条件から考えても、並大抵のことではなく、やはり現実的ではないであろう。とすると、「ヴェーバー研究」は、つぎのふたつの道に分かれざるをえまい。ひとつは、ヴェーバーがかかわった、なんらかの特定の対象・素材領域に、当該ヴェーバー研究者が自分自身の関心にしたがって自己限定し、その専門的研究に転出・転進し、当の領域「生え抜き」の専門的研究者とも合流して、ヴェーバーの特定所説を批判的に検証し、活かし、乗り越えていく、「ヴェーバーからの専門的研究の道」である。いまひとつは、専門的研究へのそうした転身は断念して、ヴェーバーの「人と学問」を内在的に解釈する平面にとどまり、そこで「人と学問」との関連、学問的諸労作間の関連を、それ自体ひとつの「専門」分野に見立てて探究し、（目標としては）論理上整合的な体系的全体像の構築をめざす、「ヴェーバーへの専門的研究の道」である。

かりにこの規準が採用されれば、筆者は、後者「への道」に踏み迷う一ヴェーバー研究者ということになろう。ただ筆者は、一方では「からの道」のほうが経験科学として概して堅実と認め、他方、「への道」が、ヴェーバーの「人と学問」には、（一）そのようにして汲み出されるべき、応用／

利用価値には還元されない固有価値が[30]あるばかりか、(一)この固有価値が、百年にわたる研究にもかかわらず、まだ汲み尽くされず、しかも(二)当の残された固有価値を汲み出すには、それを「専門」とする集中的・集約的研究を要する、という条件下の暫定的な(歩みきれば止揚される)道であると心得ている。具体的には、筆者は、「倫理」から一方では「世界宗教」、他方では『経済と社会』にいたるヴェーバー思想／学説の展開を跡づけようとする探究の途上で、『経済と社会』のテクストが不備であるという実態に直面し、「ヴェーバー社会学の生成と体系構成」とも題すべき研究に「専門」的に取り組むようになった。先にも述べたが、「倫理」以降の方法論の展開を追跡し、社会学が生成してくる経緯を明らかにし、[31]当初の具体的展開である「一九一〇〜一四年草稿」(従来版『経済と社会』第二／三部、『マックス・ヴェーバー全集』版I／22)の、初版(一九二二年)以来の誤編纂を是正し、[32]体系的再構成を試みたいと考えている。

ちなみに、「ヴェーバー研究」の実情には通じていない読者には、信じがたいと思われるかもしれないが、ヴェーバーの「主著」とも称されてきた――じじつ社会学上の主著ではある――『経済と社会』は、最初の編纂者マリアンネ・ヴェーバーによっても、そのあとを襲い、その編纂に一生を捧げたヨハンネス・ヴィンケルマンによっても、原著者マックス・ヴェーバーの構想に即して整合的に編纂されることはなかった。それどころか、ヴィンケルマン編纂を非難してかれに取って替わったヴォルフガンク・J・モムゼンの『全集』版編纂(一九九九年以来、分巻刊行中)でも、というよりもむしろまさにそこでは、概念的導入部を取り違えていた従来版のテクスト(「合わない頭をつけたトルソ」）が、そもそも概念的導入部のないバラバラの五分巻（「頭のない五死屍片」）に解体され、（全体の構成にかけては）ヴィンケルマン編纂以前に退歩している。★33 主著（の、少なくともひとつ）の読解にもとづいて研究と応用を進めようにも、信頼の置けるテクストがないのが現状である。とすれば、夥しい数にのぼる社会学者のうち、誤編纂の批判と整合的再構成に「専門」的に取り組む変わり者が、ひとりくらいいてもよいであろう。大勢が片手間に手分けしてやって、うまくいく仕事ではない。むしろ些事拘泥ともいえるテクスト読解・テクスト批判を根気よく積み重ね、社会科学畑では貶価されてきた漢学・訓詁学の伝統に棹さして、辛うじて達成されるかどうか、といった職人仕事である（この仕事をとおして、漢学・訓詁学の伝統が、テクスト読解が粗雑に流れるのを防ぐ歯止めとして、再評価される）。

そういうわけで、「ヴェーバーへの専門的研究の道」が一定の条件のもとで暫定的に認められるとしても、内在的解釈への自己限定には、ある陥穽が待ち受けている。これに無自覚でいると、問題が内在的解釈そのものにも跳ね返ってきて、「への道」の自己否定にも通じる。では、どういう陥穽か。

「ヴェーバー研究」に踏み込んだ研究者は、少なくとも一時期、ヴェーバー著作の厖大さに直面して、しばし途方に暮れる。とりわけ、なまじ「全体を見通そう」と気負うと、見通しにくい錯雑したテクストの大群に呑み込まれて、かえってそれだけ混迷をよぎなくされる。この彷徨から脱する途上で、多くの同僚が外延的自己限定による「からの道」へと手堅く離陸していくなかで、「への道」

にとり残されたヴェーバー研究者は、あるディレンマを抱え込む。すなわち、テクストで出会う、かれにはさしあたり内在的に解釈されるべき無数の論点についても、それぞれを正確に理解し解釈するには、ヴェーバーによって（顕示的また黙示的に）引用され解釈されている諸（歴史的）事実につき、いったんはヴェーバー説の外に出、対象・素材としての諸事実の側にまわって、そこから逆にヴェーバー説の妥当性を批判的に検証しなければならない。ところが、そうすることは、もし完全にやろうとすれば、「からの道」の専門的研究を無数の論点のすべてについて実施することを意味し、気も遠くなるほどの時間と労力を要するはずである。そこで、「への道」の研究者は、一般原則としては（あるいは「建前としては」）論点ごとのそうした素材調査と批判的検証が必要であるとは認めながらも、それに割かれるべき時間と労力の大きさを思うと、ついその実施は先送りし、論点と論点とを理屈と言葉だけでつないで、なるべく早く「全体」への見通しのきく地点にたどりつこうとする。いったんこの道に踏み込むと、じっさいにそうした戦略高地に攀じ登るのは容易ではない[★34]から、その間、かれの内在的解釈は、もっぱら理屈と言葉の平面にかぎられ、それだけ素材（歴史的事実）には疎くならざるをえない。こうした状態に馴染むと、いつしか、面倒な素材調査と批判的検証を要しそうな厄介な論点については、「ヴェーバーがこういっているのだから、事実もたぶんそのとおりだろう」との「当て推量」に頼るようにもなる。すなわち、ヴェーバー解釈で歴史研究を代替する倒錯に陥るのである。たとえば大塚久雄は（西洋経済史家としての専門的研究においては、おそらくはなかったことであろうが）、「倫理」の訳者としては、ヴェーバーがゴットフリート・ケラーの『三人の正しい櫛細工職人』を取り上げた一論点にかんするかぎり、まずケラー書を読んでヴェーバーの解釈とその当否を問うべきところを、そうしないで、「当て推量」、しかも事実として誤った「当て推量」で、(ケラー書の記述内容とヴェーバーの解釈にかんする) 歴史的「事実」を創作している。★35 つまり、当該論点の内在的解釈も誤っている。

筆者は、この問題を深刻に受け止める。筆者自身、たとえば重要な方法論文「シュタムラーにおける唯物史観の『克服』」を、ヴェーバーが槍玉にあげているシュタムラー『法と経済』(第二版) の側にまわらず、むしろもっぱら、これにたいするヴェーバーの批判の論理を追跡し、要所要所に定式化されているヴェーバー自身の方法論命題を拾い出すのに精一杯で、そうしたいわば「片肺の内在的解釈」に甘んじていた。この点をいま、筆者は反省する。ヴェーバー没後百年も近づいてきているいま、ヴェーバー研究は、「への道」についても、いや「への道」でこそ、この隘路を打開しなければならないと思う。では、いかにして?

原則はいたって単純である。「への道」の研究者が、まずこの陥穽を直視したうえで、自分の「片肺の内在的解釈」を、自分の関心に応じて重視している論点から初めて、一歩一歩、対象・素材の側にもまわり、できることならヴェーバー没後、最近にいたるまでの専門的研究成果も謙虚に学んで、当該論点にかかわるヴェーバー説を批判的に検証し、必要とあれば是正・改訂して、「両肺の内在的解釈」に鍛え上げていくことである。ヴェーバー自身が対象・素材面の接点で、当該領域の専門家にたいしてとった前記のスタンスに、いまなお規範的意義ありと認め、たとえ小規模であれ、それに倣うことである。筆者も、今回の羽入書論駁では、この問題を自覚し、にわかにルターやフランクリンの専門的研究者になることはできないとしても――かりにできるとでも思ったら、傲慢不遜であろう――、肝心の争点にかぎっては『ヴァイマール版全集』や『フランクリン自伝』といった原資料と（わずかながら）二次文献もひもとき、そうした素材に照らしてヴェーバーの立論を批判的に検証するようにつとめた。その成否はともかく、スタンスにおいては、「への道」における従来の閉塞状態から一歩外へ踏み出したつもりである。

　もとより、なにもかも一挙にというのは無理・無謀であろうから、まずは、特定領域のヴェーバー研究から当該領域の専門的研究に転身していった「からの道」の研究者と、交流を保ち、随時連絡をとり、同僚として協力し合い、ときには厳しい相互批判も含めて相互に裨益しあうことから始めるべきであろう。つぎには、「ヴェーバー研究」外からの批判を柔軟かつ積極的に受け止め、「ヴェーバー研究」内に閉じ籠もっていては得難い貴重な自己反省・自己脱皮の契機として最大限に活かすことであろう。

「ヴェーバー研究」内外における相互批判の活性化は、いまなお論争一般を嫌う日本の学問文化・風土の克服に、ひいては「状況の圧力に『言挙げ』せずに屈し、追随し、あとになって巧妙に弁明しながら、また新たな状況に屈し、追随する」★36、「長いものには巻かれろ」の国民性の是正に、どこかで通じていくであろう。

むすび――「夏の虫」は「火中の栗」を拾えるか

右ふたつの反省に照らして、筆者は、羽入による「批判」を、一ヴェーバー研究者としての筆者のみでなく、「ヴェーバー研究」内外にも向けられた「批判」――あるいは、少なくとも一面では、権威主義的な批判黙殺態勢に過敏／過剰に反応し、あらぬ方向でヴェーバー本人を「詐欺師」「犯罪者」と決めつけてしまった「八つ当たり抗議」――と解釈替えし、そのようなものとして受け止めることができると思う。羽入は、ヴェーバー本人よりもむしろ「ヴェーバー研究者」を憎悪と打倒の対象とし、前者を断罪することで後者も一挙に「串刺し」にしようと狙っているように見受けられる。とすれば、右記のとおり「への道」の一ヴェーバー研究者を自認する筆者は、羽入にとって恰好の標的、「飛んで火に入る夏の虫」であろう。

しかし、この「夏の虫」、羽入書に燃えさかる「火」のなかから「火中の栗」を拾おうとする。「栗」とはなにか。羽入の論難に対応するヴェーバー側の歴史・社会科学、その「言葉・意味・思想・エートス論」を、それだけ鋭く、鮮明に描き出すことか。そうではない。それは比較的容易で、「火中の栗」ではない。むしろ、羽入による論難の射程を論証することによって、知的誠実性を（ヴェーバー断罪の規準とするほどに）重んずる羽入自身が、疑似問題で「ひとり相撲」をとったと知的に誠実に認め、捲土重来を期して、学問の正道に立ち返ることである。批判や抗議であれば、短絡的速断と罵詈雑言ではなく、非の打ちどころのない学問的論証に鍛え上げることである。

　羽入書をひもとく人は、羽入が「世界的な発見をオリジナルな手法でできた」と自画自賛し、「詐欺罪」暴露の「画期的」業績を携えてトレルチや大塚久雄もしのぐ「最高段階に登り詰めた」と思い込んでいる風情に、しばし首を傾げ、そうした自己陶酔が羽入を内面から蝕み、かれの将来を閉ざしはしないか、との危惧を禁じえないであろう。もっとも、筆者がこんなことをいえば、羽入は、「学界『長老』を気取り、『後進』への家父長的温情を騙る気か」と、いっそう敵愾心をつのらせるにちがいない。筆者も、このあと第二章では、「長老」も「後進」もない、言論の公共空間に登場した一学究・羽入辰郎と、対等な公開論争として、「人柄の如何を問わず」「怒りも興奮も交えず」、もっぱら事実と理に則って正面対決するつもりである。

　しかしここで、やや踏み込みすぎの贅言とは思うが、読者（とくに羽入書の実態には触れていない読者）の視点を借り、この論駁関係を捉え返して、この章をむすぶとしよう。とりわけ、いまなお日本の学界その他に根強く残存する、家父長制的な人間関係観が混入した目で見ると、筆者の論駁は、なにか「長老」（少なくとも研究の経歴には富む年長者）が、破天荒な意欲と抱負をもって学界にデビューした「後進」を、「長老」らしく「その意気やよし」と励ませばよいのに、自分の権威を脅かされたと感じ、「いじめ」て「潰そう」とする図、とも映りかねまい。しかし、じつのところ筆者は、家父長制的な権威を帯び、あるいはそうした権威を傘に着て立ち現れる相手にたいしては、だれであれ論争を挑み、そういうロゴスのみかエートスとも闘おうとつとめてきた。いまも、ヴェーバー研究の前線に現役一兵卒として立ちたいと願い、まさにそれゆえ、泰然と構えていたほうが得策な、羽入書への論駁も買って出ようというのである。

むしろ筆者は、過去四〇年間教職にあり、確かに後進の研究指導にも携わってきた習い性から、やはりこの論駁の帰趨にも（いうなれば責任倫理から）思いを馳せ、一言、羽入への期待を述べないわけにはいかない。羽入は、細部にこだわる天分に恵まれている。筆者はこの資質を、研究者にとって重要と思う。ただ羽入は、羽入書のかぎりでは、意味や論理にではなく、外形にこだわっている。また、羽入は、いちどこうときめたら、ギリシャ語やヘブライ語まで勉強して原典を調べる徹底癖もそなえている。外国に留学しても、ただ勉強し、「箔を付けて」帰ってきた、というのではなく、社会学専門誌『ヨーロッパ社会学論叢 Archives européennes de sociologie』と『社会学雑誌 Zeitschrift für Soziologie』に独語二論文を寄稿し、対等な論戦を挑んできたのも、それ自体としては見上げたことである（ただ、当該社会学二誌の編集／査読陣には、おそらくヴェーバー研究の専門家はいなかったろう）。

しかし羽入は、「こうときめる」段階で判断を誤り、折角の素質と力量を、（当然批判も含めた）ヴェーバー研究にも、歴史・社会科学研究にも活かせないでいる。とすれば、筆者は、「もの分かりのよい長老」になりすまし、かれを「後進として甘やかす」ことはできない。むしろ、羽入に学位や学会賞を授け、言論の公共空間にさらす手助けをした年長者たちに、研究指導責任を問いたい。筆者自身としては、かれが踏み込んだ道が邪道である所以を、かれの叙述に内在して論証し、そうすることによって、かれが不毛な自己陶酔から醒め、学問の正道に立ち返り、持てる素質と力量を存分に発揮するよう最善を尽くす以外にはない。論証は相応に厳しくならざるをえないであろう。

第二章　ヴェーバーの言葉・意味・思想・エートス論

——羽入書論駁をとおして★1

羽入辰郎は、著書『マックス・ヴェーバーの犯罪――「倫理」論文における資料操作の詐術と「知的誠実性」の崩壊』で、マックス・ヴェーバーの論文「プロテスタンティズムの倫理と資本主義の精神」を取り上げ、著者ヴェーバーが知的誠実性にもとる詐欺師であった、と主張している。筆者は、永らくヴェーバー研究に携わってきたひとりとして、従来のヴェーバー研究にもヴェーバー自身の所説にも、特定の学問的批判は抱いている。しかし、ヴェーバーを「詐欺師」（二、一九二）[★2]「犯罪者」（一八）「魔術師」（一九五）とは考えない。ただ、羽入がそうした考えを学問的に論証しえているのであれば、それも受け入れなければならないと思う。この見地から、羽入の主張を検証しよう。

一、論法と水準

羽入は、裁判の比喩を持ち出し、検察官として、被告人ヴェーバーの「行為でなく、人を」裁き、「詐欺師である」との全称判断をくだそうとする。そのため、被告人を「論理」と「文献学」の「万力」で押さえ込み、「拷問」[★3]にかけると明言する（四）。しかも、被告人の釈明が面倒に思えたら、「本件に関係なし」として裁判長に却下を求めるという（一九）。比喩とはいえ、穏やかでない。法廷／研究室／言論の公共空間で、こういう論法が現実にまかり通っては困る。

もとよりヴェーバー批判は結構である。だが、学問的論証に絞り、もっぱら自由な言論に訴えればよいではないか。羽入もそのつもりで、論著を学術書として公刊したのであろう。とすれば、なぜ裁判、しかも「拷問」や「釈明却下」の比喩を持ち出すのか。

一般に、自分の主張を、論証が甘く、言論としての説得性に乏しいと感じながら、それでも押し通そうとする者は、強権に頼りたがる。他方、強権に依存すると、翻って論証は弱まり、説得力も薄れる。羽入書のばあいはどうか。羽入の論理は、ヴェーバーを押さえ込む「万力」として有効にはたらいているか。「文献学」という「拷問」具はどうか。それがかえって仇となってはいないか。これからの行論につれて明らかにされよう。

さて、しばらく裁判の比喩に付き合うとして、詐欺師との全称判断をくだすには、全著作で詐欺罪の構成要件がみたされると、相応の証拠を示して立証しなければならない。さもなければせめて、法廷に提出する証拠としての特定著作が、全著作のなかでいかなる位置を占め、そこに詐欺／詐術／偽計があったとして、いかに致命的か、著者を全面的に詐欺師と推認するに足るものかどうか、論証しなければならない。自分に都合のよい事実を、恣意的に抜き出してきて並べ立ててみても、論証にならないことはいうまでもない。

ところが羽入は、全著作から証拠を集めてはいない。証拠はもっぱら、一著作「倫理」中の四「問題」にかかわる羽入の解釈である。この「問題」そのものが、羽入によって外から「倫理」に持ち込まれた疑似問題ではなく、真に問題の態をなしているかどうか、羽入の解釈がはたして妥当か、追って検証しよう。ここで確認しておきたいのは、羽入が「倫理」を、全著作中における位置づけを怠ったまま抜き出し、その根拠についても、たんに「最も有名な」「代表作」（一、二六五）と述べるにとどまっている事実である。

どうやら羽入は、論証の出発点から、無概念的感得の水準にあるのではないか。

二、四「問題」の選択規準と所在

ともあれ、羽入とともに視野を狭めていくとして、では「倫理」から四「問題」を抜き出す規準はなにか。これも、「犯行現場」（一七、二〇、二七三）との予断である。しかも、その所在は、著者ヴェーバー自身による「倫理」の内容構成と力点の置きどころから著しく逸れている。ここで、「倫理」の内容構成と、改訂版（一九二〇年）[★4]で各章各節に割り当てられている紙幅を示すと、左記のとおりである。

第一章　問題提起（S. 17-83）　六六ページ
　第一節　宗派と社会層（S. 17-30）　一三ページ
　第二節　資本主義の「精神」（S. 30-62）　三二ページ
　第三節　ルターの職業観（S. 63-83）　二〇ページ

第二章　禁欲的プロテスタンティズムの職業倫理（S. 84-206）　一二二ページ
第一節　世俗内禁欲の宗教的基盤（S. 84-163）　七九ページ
第二節　禁欲と資本主義精神（S. 163-206）　四三ページ

羽入の四「問題」は、本論（第二章）に先立って「問題提起」と題された第一章のうち、第二節「資本主義の『精神』」（三三ページ）と第三節「ルターの職業観」（二〇ページ）とに関連している。しかし、羽入が「問題」とするのは、第二／三節それぞれの端緒、すなわち、著者ヴェーバーが「資本主義の『精神』」の「暫定的例示」にフランクリン文献を援用している第二節冒頭と、ルターによる聖句翻訳の経緯に論及している第三節劈頭の注記とにかぎられている。「精神」の文化意義、ルターの宗教思想とその（歴史的意義の）限界を、それぞれ主題として論じている両節の大半は、羽入の関心を惹かないらしい。ヴェーバーが本論（第二章）で、二倍以上の紙幅（一二二ページ）を費やして論じている「禁欲的プロテスタンティズムの職業倫理」には、羽入はほとんど論及しない。わずかな間接的言及箇所では、「祝福を求める者の願いを聞きたまう［フランクリンの］神」（二三四）[★5]を、「カルヴィニズムの予定説の神」（二三七）と見誤っている。[★6] これだけで、羽入が唯一抜き取った「倫理」についても、いかに「木を見て森を見ない」視野狭窄に陥っているか、明らかであろう。現実の裁判であれば、ここで公訴棄却を免れまい。そもそも、良識ある検察官が、この事案で公訴を提起するであろうか。

では、羽入書は、学問上の論争には相応しい研究書であろうか。いや、そうでもない。研究書であれば、「倫理」を取り上げるからには、著者ヴェーバーがなぜ「精神」ないし「(ヨーロッパ近代の)職業観」を問題とし、その歴史的/宗教的与件を「禁欲的プロテスタンティズム」の方向に探るのか、——問題設定の生活史上の契機と根源的動機を突き止め、歴史・社会科学的問題展開の思想的/理論的背景にも触れる、羽入として独自の問題設定から説き起こしてしかるべきであろう。ところが羽入には、そうした学問的配慮は見受けられない。むしろ、著者ヴェーバーを偶像に、「ヴェーバー研究者」を偶像崇拝者に見立て、偶像破壊によって両者を一挙に引き倒そうとする「抽象的情熱」が、抑制なく各所に表出され、注目を惹く。羽入は、この情動に駆られ、短絡的に、与しやすいと見た「犯行現場」に突進するかのようである。

羽入書は、四「問題」を取り上げる四つの章から構成され、それぞれ「第一章 "calling" 概念をめぐる資料操作——英訳聖書を見ていたのか」「第二章 „Beruf" 概念をめぐる資料操作——ルター聖書の原典ではなかった」「第三章 フランクリンの『自伝』をめぐる資料操作——理念型への固執」「第四章 『資本主義の精神』をめぐる資料操作——大塚久雄の〝誤読〟」と題されている。ところが、この四章がなぜこの順序に並ぶのか、全体がどう構成されるのか、著者としての説明がなく、読者がア・ポステリオリに(後追いで)判読することもできない。配列は、各章の題材("calling" 概念など)をヴェーバーが「倫理」で取り上げている順序に沿っていないし、歴史的溯行——意味(因果)帰属——の手順に対応してもいない。羽入による全体構成ないし章配列の規準は、どうやら、著者ヴェーバーを「詐欺師」として読者に印象づけるうえでの合目的性以外にはないらしい。それゆえ、羽入書の体系構成に即した体系的批判を企てるわけにはいかず、四章の四「問題」を順次取り上げていくよりほかはない。

それどころか、羽入書は、「トイレに本を持ち込む癖がある」（i）夫人から「大体が「ヴェーバーは」詐欺師の顔してる」（i）との託宣を受ける序幕に始まり、「世界的な発見をオリジナルな手法でできた」（二八三）と語るエピローグにいたるまで、さながら罵詈雑言と自画自賛を連ねた自作自演劇「プロクルーステース英雄譚」★7の観を呈している。そう取れば、これはこれでなかなか面白い。ところが、羽入自身は、「ヴェルトフライに、ザッハリッヒに「価値評価を交えず、対象に就いて」……黙々と研究し続けた」（二八三）という。

だが、羽入はおそらくいうであろう。「内容が問題だ、神は細部に宿る」と。よろしい。では内容しかも細部に付き合おう。しかしそのまえに、つぎの点にだけは注意を留めておきたい。すなわち、羽入は、細部から取り出した四「問題」が、「『倫理』論文全体の論証」「『倫理』論文の全論証構造」（八、三六、三七、五一、六五、六八、七四―五、一七四―五、一九五、一九八、二一〇、二一七、二三九、二六〇ほか随所）を揺るがしかねない重大な問題／「アポリア」であると繰り返し主張し、そうした想定を前提に、「著者はその解決に苦慮して詐術をも弄した」という方向に論を展開する。とすれば、ではその「全論証構造」とはいかなるものか、そのなかで当の「問題」はどんな位置を占めるのか、そうした点を羽入はどう考えているのか、が問われざるをえない。回答のいかんによっては、羽入のいう

「アポリア」がじつは、羽入の脳裏にのみ宿り、外から「倫理」に持ち込まれた疑似問題にすぎず、これをめぐって組み立てられた議論とそれを裏づける文献学的調査／発見事項が、どれほど苦労したにせよ、ことごとく（著者ヴェーバーには関係のない架空の議論として）宙に浮くということもありうる。ところが不思議なことに、それほど重大な「全論証構造」問題への回答が、羽入書には見当たらない。

というよりもむしろ、羽入が「問題」を見つけて難詰する箇所が、まさにそれゆえ、即「全論証構造」の要と決まるらしい。その趣旨の抽象的断定は、「自明の理」のように、用心しないと釣り込まれかねないほど、飽くことなく繰り返される。ところが、あるいはむしろまさにそれゆえ、「著者ヴェーバーにとってもはたしてそうか、そもそも『倫理』全体は、いかなる『論証構造』をそなえているのか」と問い、「倫理」全篇にわたる具体的論証をもって客観的に妥当な回答を示すことは、羽入には課題ともされないようである。

三、疑似問題「唯『ベン・シラの知恵』回路説」

羽入書第一章は、「"calling"概念をめぐる資料操作——英訳聖書を見ていたのか」と題されている。ルターが旧約外典『ベン・シラの知恵』（以下『ベン・シラ』）一一章二〇節、二一節[★8]で、『七〇人訳

Septuaginta』の ἔργον（仕事、以下 ergon）と πόνος（労働、苦役、以下 ponos）を Beruf（使命としての職業、天職）と訳出した「言語創造的影響」が、英訳聖書にもおよんだはずなのに、著者ヴェーバーは、肝心の『ベン・シラ』の英訳は調べず、（羽入によれば）無関係な『コリントの信徒への手紙一』（以下『コリントⅠ』）七章二〇節の別語 κλῆσις（以下 klēsis）の英訳を、それも二次文献で調べただけで、学問的論証の態をなさない、という趣旨である。

さて、ヴェーバーは確かに、「倫理」第一章第三節冒頭で、世俗的職業と神与の使命との二義を併せ持つ語（以下 Beruf 相当語）が、ルターの聖書翻訳に由来し、聖句としては初めて『ベン・シラ』に表れ、そのころから（そこからとはいわず）、プロテスタントの優勢な文化国民の諸言語に普及したと述べている。しかし、独訳『ベン・シラ』の Beruf が、直接他言語版『ベン・シラ』の Beruf 相当語に影響し、もっぱらそこから他の用例にも波及していった、とは主張していない。言い換えれば、ルターから他の宗教改革者への影響、その一環としての Beruf 相当語の普及は、直接『ベン・シラ』を経由する回路以外にはない、とは主張していない。ルターの宗教改革事業が、聖書独訳以外の著作その他の活動を経由して、他言語圏の宗教改革者たちに影響を与え、後者が自国語聖典を翻訳／改訳するさい、もとより進行途上のルター訳を参照しながらも、それぞれ熟慮の末、聖典の関連各所に Beruf 相当語を採用していった、というごく自然な間接の回路も、当然想定している。むしろこちらを主要な回路と見るからこそ、ルターの宗教改革思想の特質／その歴史的意義ならびに限界を、第一章第三節の主題とし、本文で、語義論以上に多くの紙幅を割いて論じたのであろう。

むしろ羽入だけが、当の第一章第三節を通読して、語義をルターの思想、とくに宗教改革初期の一五二〇年前後から、一五二四／二五年の農民叛乱への対応をへて、一五三〇年代初頭以降の後期にいたる思想変化、とむすびつけて考えようとはせず、いきなり冒頭の一パラグラフとその注だけを抜き出し、ルター発の言霊伝播信仰を思わせる「唯『ベン・シラ』回路説」を虚構し、「倫理」に持ち込んで、それをヴェーバーの主張と思い込んでいる。羽入が『ベン・シラ』回路経由を繰り返し強調し（二五、二六、二九、三〇、三二、三五、四四、五一、二六五—六）、著者ヴェーバーの「骨子」「立論」「主張」「推論」を羽入流に再定式化しようと腐心している箇所が、疑似問題持ち込みの「現場」である。羽入書を読んでいて、同じことをなぜこうまで冗漫に繰り返せるのか、という疑問が涌いたら、そこが「現場」と見て、まずまちがいない。

とはいえ、羽入が意図して疑似問題を持ち込んでいる、というのではない。むしろ羽入が、無概念的感得の水準にありながら、「倫理」の論述中になんとか「問題」を見つけて引き倒そうとはやるあまり、「倫理」テクストの自己批判的で正確な読解ができず、羽入にも処理可能と見える好都合な「問題」が、著者ヴェーバーにとっても問題であるかに見えてきて、疑似問題にすり替わり（そこで疑似問題が創成され）、ただ羽入本人はそれに気がつかない、という関係のようである。以下、他の三「問題」についても、同一の関係が検出されよう。★9

四、宗派宗教性と訳語選択

しかし、考えてもみよう。キリスト教の諸宗派は、おのおのの宗教性の特質に応じて、新約と旧約、正典と外典に、それぞれ違った位置づけと比重を与え、取扱いを異にした。他言語といっても、民族性ではなく宗派宗教性との関連が問題であるが、この点で著者ヴェーバーがゆえあってもっとも重視し、「倫理」の本論（第二章）で取り上げるカルヴィニズムは、「旧約外典を聖典外のものと考えていた[★10]」。他方、カルヴァンやベザの常用語、ユグノーの日常語として初期カルヴィニズムと一番密接な関係にあったフランス語は、言語としてのステロ化が進んでいて、少数派の「言語創造的影響」を受け付けず、『ベン・シラ』の該当箇所も office と labeur のままであった[★11]。カルヴィニズムは、宗教改革運動の重点を、ルター／ルター派ほど聖句改訳／言語改革には置かなかったといえよう。とすれば、イギリスのカルヴィニストによる英訳『ベン・シラ』の該当箇所も、さしあたり Beruf 相当語以外の語のままで、この点にはルターの影響はおよんでいないと予想できよう。著者が「ルター発言霊伝播説」「唯『ベン・シラ』回路説」を採らない以上、そこまで一次資料を調べて確認するにはおよばない、と考えても無理はない。

この判断はもとより、一次資料一般の軽視を意味しない。著者ヴェーバーは、後述のとおり、「研究にあたっては一次資料を調べるのが最善であるが、なにもかもそうしていたのでは研究能率が落ちる」というディレンマを、「問題それぞれの価値関係性の度合いに応じて資料の種類を選択し、使い分ける」という一般原則にしたがって打開しようとしていた。だから、ここでも著者は、「必要なら一次資料も調べよう、しかしその先にいっそう重要な問題がひしめいているから、ここは先を急ごう」との相対的判断をくだしたものと考えられる。そこで著者が、一六世紀の英訳諸聖書におけるる訳語の帰趨をめぐり、一次資料をOED（の元本）で代替したとして、そのことが、羽入のように「目くじらを立てる」ほど「知的誠実性」にもとるかどうか。さらに、そのOEDの関連記事に、一九八九年になっても訂正されていない（四二）という誤記があったとして、その責任はまずOEDの執筆者／（ばあいによっては）編集者にあろう。羽入が、その件でも著者ヴェーバーの「知的誠実性」を問うのは、いささか無理、というよりも本末転倒ではあるまいか。

むしろ、そうした性急で針小棒大な糾弾には、隠された前提として、羽入が「倫理」を「なにもかにも論文」に見立て、著者ヴェーバーをOEDにも責任を負うべき「万能学者／知的英雄」として暗に偶像視する傾きが窺われよう。この「（心理的に）抑圧された」偶像崇拝が、偶像破壊に反転して、「それほどの英雄が、こんなミスを犯すとは杜撰きわまりない」、あるいは「それほどの英雄がこんなことも知らなかったはずはなく、知っていて隠蔽したにちがいない」との想念と化し、些事を「致命傷」あるいは「隠蔽工作」「詐術」「詐欺」として誇大に描き出す、偶像破壊の戦略として、はたらいているのではあるまいか。

なるほど、羽入が、一六世紀（中葉から一七世紀冒頭にかけて）の訳語を、英訳諸聖書の原典に当たって調べたのは、それ自体としては労多い仕事で、聖書翻訳史にとっては評価すべき業績かもしれない。ただその半世紀間は、「倫理」の全論証構造にとっては、ルター訳の当初の影響を問う当該注記のかぎられた観点からは重要でも、「禁欲的プロテスタンティズム」の「大衆宗教性」における「合理的禁欲」の歴史的生成という「倫理」本論の主題にとっては、早期にすぎ、焦点から外れている。したがって、（「倫理」の全論証構造とそこにおける諸観点の軽重には無頓着な）羽入の原典調査が、（羽入には自覚されていない）その限界内で、かりに著者ヴェーバーにとって最大限に不利な反証をもたらすとしても、それによって「倫理」全体の被る損傷は、軽微の域を出ない。しかも、じっさいの調査結果は、少なくとも最重要なカルヴィニストの英訳聖書にかんするかぎり、著者ヴェーバーがすでに明示していた前記の予想を裏づけ、かえって「倫理」を補完している（三四、五四―七）。羽入は、文献学――といっても、諸聖書の出版地／出版年／関連語句を並べるだけで、そうした外形事実の意味や思想的連関は問わない、羽入流のいわば没意味文献学――を「拷問」具として、疑似問題と取り組み、一群の外形事実を「反証」のつもりでつきつけたが、事柄の意味／思想連関からすれば、著者説の妥当性を裏づけてしまっている。文献学という道具が、羽入には（没意味文献学としてしか）使いこなせず、「裏目に出た」というところか。それをしも原典検索による「功績」「決定打」と錯覚して自画自賛に耽っていたのでは、自己批判にもとづく研究の再編／展開に、みずから障壁を築くにひとしいではないか。

むしろここで確認しておきたいのは、新約正典『コリントⅠ』、旧約正典『箴言』、旧約外典『ベン・シラ』といったキリスト教聖典それぞれの語彙のなかで、Beruf相当語、あるいはルター本人訳を乗り越えていく関連語を、どう読み、どう解し、どんな訳語を当てるかにも、一方では宗派宗教性の特質、他方では聖典の性格とコンテクストに応じて、ときに大きな、ときに微妙なニュアンスを生ずる、という当然の事態である。たとえば「わざの巧みさ」を称揚する『箴言』の一句を、「わざ誇りWerkheiligkeit」を原則的にしりぞけるルターが、「有効な信仰fides efficax」の顕れとして「わざ」を重んずるピューリタンと同様に読み、同等に扱うとは考えられない。ある語の影響／波及関係を取り上げて論ずるさいには、一方では宗派、他方では聖典とそのコンテクストのいかんによる意味上の差異を考慮し、この差異と宗教改革運動の時間的／空間的消長とが絡み合う（歴史として当然の）複雑な紆余曲折を予想し、慎重を期したい。とりわけ、語義を思想から切り離さず、訳語選択も、（それぞれ宗派や歴史的状況を異にする主体の）思想の表明と見なければならない。

五、ルターにおける思想変化と訳語選択——『コリントⅠ』七章二〇節の意義

羽入は、ヴェーバーが英訳聖書につき、「唯『ベン・シラ』回路説」の「破綻」を、（羽入によれば）

無関係な『コリントI』七章二〇節（新共同訳では「おのおの召されたときの身分 klēsis にとどまっていなさい」）を持ち出して隠蔽したと主張しかけ、さすがにそこまでは無理と見たか、一次資料を調べなかったとの詰問に切り換えている（三五―六）。ところが、ヴェーバーが『コリントI』七章二〇節を取り上げたのには、これまた思想との意味連関において確たる理由があったと思われる。

いずれのキリスト教宗派にも尊重された新約正典の、パウロ書簡のなかでも重視された『コリントI』七章には、原文ではパウロの「終末論的現世無関心」が表明されている。「主の来臨が迫ったいま、この世におけるあり方に思い煩うことはない。各自が主の召しを受けたときの、その召しの状態にとどまり、兄弟に迷惑をかけないように労働しながら、主の再臨を待て。それもあとほんのしばらく」との思想である。そこでは、「この世におけるあり方」の具体例として、（一七節を導入句に）一八／一九節で割礼／包皮別（ethnic status）、二一～二三節で奴隷／自由人別（social status）、二五節以下で配偶関係別（marital status）が取り上げられている。したがって、「召しの状態」を、そうした身分（statūs, Stände）と捉え、三例の間に挟まれた二〇節と二四節で、その趣旨が「各人は召されたときの身分にとどまれ」との一般命題に集約されていると解釈できる。他方、そこからは容易に、「聖職者／在俗平信徒別（ecclesiastical status）を問わない」との「万人司祭主義」の原則が導き出されよう。

ルター個人も、これに近い立場から出発したが、パウロにおけるような終末論的切迫感よりもむしろ、神の無償の恩恵にたいする内面的信仰の高揚から、外面的な行い／わざと、わざにもとづくいっさいの外面的差異を相対化していった。内面的により多く信じ、（信ずる者の自由とよろこびから）隣人を愛する者が、それだけ「完全」であって、当人が外面的に男であれ女であれ、君侯であれ農夫であれ、修道士であれ平信徒であれ、問題ではない、というのである。こうして、一方では「司祭や修道士になるよりも、羊飼いか、それともなにか他の働き人になりなさい」[12]、他方では「剣や権力を尊重し、これを結婚や農耕やその他同様に神の設けた職業とひとしく取り扱わなければならない」[13]という帰結が導かれる。宗教改革者ルターは、この「もっぱら信仰によって sola fide」の基本的立場から、中世カトリックの――「命令」だけを守る「不完全な者＝在俗平信徒」と、「命令」に加えて「勧告（清貧、貞潔、従順）」にもしたがう「完全な者＝修道士」とを区別し、分け隔てる――教会身分構造と、こうした「世界像」によって敷設される修道院行きの「軌道」とを否定し、公に認められるすべての「生活上の地位 Lebensstellung」に、信仰を堅持し神に仕えるアリーナとして、原則上同等の意義[14]を認めた。

ところで、（一）ある信徒が「（福音の）召し」を受けたときの「あり方」「地位」を、「召し」そのものとは区別し、偶然だからどうでもよいとする「純然たる終末論的現世無関心」の「召命観」（かりに「召命観一」）と、（二）当の「地位」も偶然ではなく、「召し」ないし「摂理」の内容としてその一環をなすから、その「地位」も内面的に受け入れ、そこに「止まれ」と説く「伝統主義」の「召命観」（「召命観二」）とでは、表現が似ることはあっても、意味上は深甚な差異があろう。とするとルターは、もっぱら教皇派との対抗を軸としていた一五二〇年前後には、「召命観一」に近い[15]見地に立っていたといえよう。それにたいして、一五二四／二五年以降、農民叛乱とミュンツァー（一四九〇頃〜一五二五）らの千年王国運動にも抗し、「責任ある教会政治家」としてそれだけ現世の秩序を重んずるようになると、現世に対処するスタンスのそうした根本的変化は、かれの宗教思想とりわけ「生活上の地位」への宗教的意義づけにも、影響をおよぼさずにはいなかったと思われる。ヴェーバーの見るところ、ルターは、世俗的職業労働をいっそう重視するとともに、「各人の具体的な職業は、神の摂理によって各人に指定されたこの具体的な地位をみたせとの、神から各人への特別の命令であ」り、「各人は原則として、神からひとたび与えられた職業と身分に止まるべきで、各人の地上における努力は、そうした生活上の地位の枠をこえてはならない[16]」とますます考えるようになった。ということは、「終末論的現世無関心」の「召命観一」に近い見地から、摂理信仰にねざす「伝統主義」の「召命観二」に移行した、と言い換えられよう。

さて、「翻訳者の精神」におけるこうした変化は、訳語選択にも表われるはずである。ルターは、新約聖書の初訳を完成した一五二二年当時、「各自その現在の状態／地位に止まれとの、終末観によって動機づけられた勧告」にかんして、パウロ／ペテロ書簡の klēsis を、『コリントI』一章二六節、七章二〇節では ruff、『エフェソの信徒への手紙』一章一八節、四章一節、同四節、『テサロニケの信徒への手紙II』一章一一節、二章一四節、『ヘブライ人への手紙』三章一節、『ペテロの手紙II』一章一〇節では beruff と訳出していた。[17] ただし、この beruff は、世俗的職業とは関係がなく、もっぱら「使徒の宣布する福音をとおして神の与える召し」を意味し、ルターはその語をしばしば「聖職への招聘 Berufung, vocatio」に当てていた。むしろ、『コリントI』七章二〇節の klēsis, ruff のほうが、前記のとおり、前後に挙示されている割礼／包皮別、奴隷／自由人別、既婚／未婚別の三例から、「生活上の地位」／広義の「身分」の意味に解されていたといえよう。

ところがルターは、一五三三年に『ベン・シラ』を独訳するさい、原文の（元来はもっぱら世俗的な生業／職業／労働を意味し、宗教的含意はなかった）ergon と ponos に、（それまではみずから純宗教的な「召し」「招聘」の意味に用いてきた）beruff を当て、まさにそうすることによって語 beruff に聖俗二重の語義を賦与し、Beruf 相当語を創始した。「発音は『Beruf』と同じ mit »Beruf« gleichlautend」語[18]が、もともと世俗的職業を表していて、後に宗教的意義を帯びた、というのではなく、逆に、元来はもっぱら宗教的意味に用いられてきた語 beruff が、後に世俗的職業にも適用され、聖俗二義を併せ持つようになったのである。

では、なぜ、そんなことが起きたのか。ひとつは素材上／対象上の与件で、一方では右記『エフェソ』ほか原文の（終末観にもとづく）勧告と、他方では『ベン・シラ』原文の（「神なき者の「地上の成果ではしばしば祝福されているかに見える」営利追求に惑わされず、主を信頼し、生業に堅く止まって誠実に糧をえよ」との「反貨殖（主義）的伝統主義」にもとづく）勧告とが、（このように宗教思想上の根拠づけは異なっていても）「すでに schon」「**事柄自体として**［は「現状に止まれ」と］**の類似性** *sachliche Aehnlichkeit*[19]」を示していたからである。しかも、『コリントI』七章二〇節原文のklēsis、というよりもその前後のコンテクストが、前述のとおり「現状」の一カテゴリーとしての「身分」という含意を帯び、両勧告を「架橋」する位置にあった。

いまひとつ、主体的契機としては、ルターにおける右記の思想変化から、その間に、「生活のすみずみにおよぶ、神のまったく個別的な導きにたいする信仰が、いよいよ鋭く精確な形をとるimmer schärfer präzisiert」[★20]ようになり、個々人の具体的な職業編入そのものも「神の召し」と見る「召命観二」への移行が進んでいた。こうして、一五三三年のルターには、以前には「神の召し」「聖職への招聘」に当てていたberuffを、「身分」を表す『コリントI』七章のklēsis (ruff／釈義では後述のとおりberuff) を媒介に、聖職への限定を取り払って、いっそう個別具体的な「職業」「職業労働」を意味するergonとponosにも当てる、思想上の準備がととのっていたのである。

ところで、ルターのこの翻訳について注意すべきことは、かれが、一方で『ベン・シラ』一一章二〇節前半のδιαθήκη (diathēkē)、つまり至近の類例には、(この語そのものは、『ベン・シラ』四三章一〇節[★21]の用例からも窺えるとおり、ヘブライ語の原語 חק (hōq) に照応して、ドイツ語のBerufに似た「運命」ないし「指定された労働」の意味を帯びていたにもかかわらず、これには) beruffを当てず、「神の言葉に止まれ bleib jnn Gottes*wort*」[★22]と訳し、他方、宗教的含意はない (か、あっても逆に「神による懲罰としての苦役」という否定的な意味合いを帯びる) ponosには、あえてberuffを当てた事実である。すなわち、ルターの翻訳は、原文、それもひとつひとつの言葉の原義を、逐一、画一的に別の言語系に移すような機械的直訳ではなく、むしろコンテクストごとの思想的な語義詮索と適訳語選択の所産であり、まさに「翻訳者の精神」を外化/体現する意訳だったのである。

同じことが、『箴言』二二章二九節の「わざ」についてもいえる。この「わざ」の原語 מְלָאכָה (以下 m^{e}lā'khā) は、(「遣わす」という意味の語根 לאך (l'kh) との関連は、すでに古代に失われていたとしても)「聖職への招聘」という原義をそなえ、(ルターが『ベン・シラ』一一章のコンテクストでは beruff を当てた) ergon のヘブライ語原語であった。ところがルターは、『ベン・シラ』訳の数年前、この『箴言』の m^{e}lā'khā, ergon には、『創世記』三九章一一節[★23]と同様、beruff を当てず、gescheﬀt と訳していた。一方の『ベン・シラ』では、原意からすれば beruff を当てにくい語 ponos に、じっさいには beruff を当て、他方『箴言』のほうは、原意からすれば beruff を当てやすい語 m^{e}lā'khā, ergon に、じっさいには beruff を当てないで、gescheﬀt を当てていたのである。つまり両訳は、外形上の結果においては(一方には beruff が当てられ、他方には当てられない、というふうに)互いに対照をなしているが、ともに原意に逆らい、翻訳者の思想にもとづく適訳語選択を優先させる意訳であることに変わりはなく、この点にかけては等価であった。そこで著者ヴェーバーは、この等価性を比較の基礎に用い、『ベン・シラ』意訳の時間的近接例として、そのかぎりで『箴言』二二章二九節の gescheﬀt 訳を引き合いに出した。[★24] この対照例を時間的に至近の背景事実として対置することにより、語 beruff を『箴言』には拒み『ベン・シラ』には当てる、同一の翻訳者/意訳者ルターの訳語採択規準とその一貫性が、問題の焦点として前景に押し出され、当の規準が、右記「伝統主義」への思想変化に意味／(因果)帰属されている。こうして初めて、『ベン・シラ』句意訳・Beruf相当語の創始が、前述「素材上／対象上の与件」に沿う無理のない帰結ではあっても、それに「ひきずられた」結果ではなく、根本的には「翻訳者の精神」に由来し、しかも右記の思想変化に媒介されているという歴史的経緯が、それだけ鮮やかに浮き彫りにされる。

　そればかりではない。他方の『箴言』句についても、同一の翻訳者ルターにおける同一の思想変化が原語 m^{e}lā'khā の訳語選択も規定していくであろうからには、その帰趨について適合的な予測を立てることができる。すなわち、ルターがいよいよ「伝統主義」に傾き、各人の職業が編入される伝統的秩序を神の摂理と見て、これへの服従を重視し、強調するようになればなるほど、伝統に刃向かう「わざ誇り」にはそれだけ否定的となり、「(わざに)巧みな behend」を「熱心な endelich」に撓める訳語改訂[★25]は順当としても、その「わざ」に beruff は当てられない方向に、ますます進んでいることになる。したがって、『箴言』二二章二九節の m^{e}lā'khā, ergon には、beruff でなく geschefft が当てられつづけて当然なのである。[★26]

　さて、Beruf 相当語の創始にいたる歴史的経緯を、ルターの思想ならびに思想変化と関連づけて、右記のように小括できるとすれば、なるほど『ベン・シラ』句は、到達点としては重要であろう。しかし、そこにいたる経過においていっそう重要なのは、「二種の勧告」を架橋する位置にあった『コリントI』七章二〇節ではなかろうか。しかも、『ベン・シラ』そのものが旧約外典のひとつで、ルター／ルター派以外のプロテスタント諸宗派においてはさほど重んじられなかったという歴史的事情を考慮に入れると、世俗的職業に宗教倫理的意義を与える宗教改革の思想が、ルター/ルター派の域をこえ、どのように、またどこまで時間的/空間的に波及し、諸外国語聖典の訳語にも表明されていったか――そうした歴史的展開を各宗派について比較しつつ測定するいわば定点観測には、すべての宗派に同等に重視された『コリントI』七章二〇節のほうが適しており、その意味では最重要な指標であったといえよう。著者ヴェーバーが、全般的にさほど重視されず、宗派によって扱いのまちまちな『ベン・シラ』に代えて、『コリントI』七章二〇節を取り上げ、ルター/ルター派の範囲をこえる比較研究の中心指標に据えようとしたのは、こうした意義/価値関係性を認めてのことではなかったろうか。[★27]

六、疑似問題「『コリントI』七章二〇節訳語の時間的揺れ」

もっとも、そうした比較による問題展開を考えるまえに、ルター本人における『コリントI』七章二〇節 klēsis の訳語については、なお問題が残されているようにも思われよう。当の訳語が beruff でなく最後まで ruff であった事実を、どう考えるべきか。羽入は、この事実を、羽入書第二章「„Beruf“-概念をめぐる資料操作――ルター聖書の原典ではなかった」で取り上げ、著者にとって「致命傷」となるかのように論じている。しかし、はたしてそうか。

前記のとおりルターは、一五二二年には、『エフェソ』『テサロニケII』『ヘブル』『ペテロII』などの終末論的勧告において「神の召し」を表している klēsis に beruff を当て、一五三三年に『ベン・シラ』を訳すさいには、純世俗的職業にも beruff を当てた。著者ヴェーバーは、語 beruff につき、「この二種の一見まったく相異なる用法を架橋するのは、『コリントI』中の章句とその翻訳 die Stelle im ersten Korintherbrief und ihre Uebersetzung である」と指摘し、「ルターでは（近年の普及版［複数］によると）bei Luther (in den üblichen modernen Ausgaben)、当該章句が置かれているコンテクストはつぎのとおりである」と明記し、ルター訳聖書の原典ではないとみずから予め断ったうえで、『コリントI』の七章二〇節のみでなく、一七節から二四節までを引用し、二九節および同三一節にも論及している。[★28] ところで著者は、この引用／論及の前に、「二種の用法」に関連して、ルター以前の用語例に一瞥を投じ、「Beruf 相当語の用例は見当たらないが、類語 Ruf なら、神秘家タウラー（一三六一没）に世俗的職業への適用例がある」との趣旨を述べ、ルターにたいするタウラーの影響に論及している。

「わたしがこれまでに知りえたかぎり、»Beruf« ではなく »*Ruf*« が（klēsis の訳語として）世俗的労働の意味で使われたことはあり、最初の用例は、『エフェソ』四章にかんするタウラーの美しい説教『「施肥に赴く」農民について』(Basler Ausg. f. 117 v) に見られる。『施肥に赴く農民が実直にみずからの Ruf に励むならば、自分の Ruf をなおざりにする聖職者よりも』しばしば万事に優る、というのである。しかし、この語［Ruf］は、この［世俗的職業の］意味では、世俗語のなかに入り込んでいかなかった。ルターの用語法は初め Luthers Sprachgebrauch anfangs、»Ruf« と »Beruf« との間で揺れている (s. Werke, Erl. Ausg. 51, S. 51) にもかかわらず、タウラーによる直接の影響は、けっして確かではない。なるほど、たとえば『キリスト者の自由』には、まさしくタウラーのこの説教に共鳴するところが、しばしば見られるが。というのも、ルターは当初 zunächst、この語 [Ruf] を、タウラーの右記の句のように**純世俗的**な意味には用いていないからである。★29」

さて、著者ヴェーバーが、この一節中で、「用語法における揺れ」につき、右記のとおり参照を指示している『エアランゲン版著作集』(Werke, Erl. Ausg.) 五一巻の五一ページには、羽入書にも写真入りで掲げられている(七八)とおり、『コリントI』七章二〇節における »Ruf« の用例が示されている。羽入は、ここを典拠に、この「揺れ」を(一)『コリントI』七章二〇節に限定したうえ、(二)その時間的な揺れと解釈し、この羽入の解釈を著者にも押しおよぼして、つぎのような議論を組み立てる。すなわち、「[羽入でなく] 著者ヴェーバーは、ルターが『コリントI』七章二〇節の »Ruf« を、その後(『揺れ』の他方の極)»Beruf« に改訂し、この »Beruf« を『ベン・シラ』の ergon と ponos に当てたと主張しているが、ルターはじっさいには、『コリントI』七章二〇節の ruff を beruff に改訂していない。ヴェーバーは、ルター訳聖書の原典に当たって『揺れ』を追跡しようとせず、杜撰にも、この決定的な事実を見逃した。あるいは、ヴェーバーは、自分の主張を裏切るこの不都合な事実を知っていたが、まさにそれゆえ、あえてルター訳聖書の原典には当たらず、

beruff に改訂されている普及版から引用する資料操作をおこない、当の不都合な事実を隠蔽する詐欺をはたらいた」と（七八―八四、一〇三―四、一二六、一二八ほか随所）。この事案でも、羽入は明らかに、ヴェーバーを「隠蔽詐欺」罪に陥れようと狙ったが、立証は無理とみて、「（知的誠実性にもとる）原典無視と杜撰な看過」にトーンダウンしている。

　しかしここで、わが拷問好き検察官氏による論告求刑の出発点に戻り、当の典拠を再検討してみよう。ここを検察官氏のように読み取るのは、はたして妥当であろうか。

　まず、当の「揺れ」が問題とされる前後のコンテクストは、右記のとおり、『コリントI』ではなく、『エフェソ』であり、その四章にかかわるタウラーのRuf解釈／用例の影響がルターに直接およんでいたかどうかを問う議論である。したがって、そこに付された参照指示が、かりに『エフェソ』におけるルターの用語法にかかわり、被指示箇所も、なにかたとえばタウラーの「直接の影響」を検出（ないし棄却）するに足る「揺れ」の事実を示しているのであれば、本文の趣旨と参照指示の被指示内容とが整合するので、誤解の余地なく理解され、納得されよう。ところが、ここでは、『エフェソ』四章にかんする注記本文に、（一見無関係な）『コリントI』七章二〇節に該当する参照指示が挿入され、（一見唐突に）出てくる。読者が、こうした不整合に一瞬戸惑うとしても無理はない。[★30]

　しかしこのばあい、著者ヴェーバーは、右記引用のとおり「ルターの（一）用語法は（二）初め」と明記し、（一）「用語法」、すなわち、個々の用例ではなく、いくつかの用例のまとまりについて、あるいはある範囲の用例群に見られる一定のパターンについて、しかも（二）「初め」と、時期のほうを限定して、「揺れ」に言及している。とすると、その「揺れ Schwanken」とは、ある聖典の（『コリントⅠ』七章二〇節といった）特定の一箇所にかぎって、そこに用例として当てられる語が、たとえば初期の Ruf から後期の Beruf に変わるというふうに、時間的に「揺れ」る、というのではなく、時期を「初め」にかぎると、同じ klēsis の訳語として、ある聖典には Ruf、他の聖典には Beruf を当てるというように、複数聖典間にまたがる空間的な「揺れ」が認められる、という意味に解されなければならない。

ではこのばあい、他の複数の聖典とはなにか。それこそ、このコンテクストで取り上げられている『エフェソ』を含め、すぐ前の同じパラグラフ冒頭で列挙されている『テサロニケⅡ』『ヘブル』『ペテロⅡ』をおいてほかにはあるまい。じっさい、初期一五二二年の「ルターの用語法」は、『コリントⅠ』を含むこの五書簡にまたがって、『コリントⅠ』の ruff とそれ以外の beruff とを両極とする空間的な「揺れ」を示していたのである。[★31]

しかも、検索の範囲を釈義（講解）にまで広げると、ルターは、一五二三年の『コリントⅠ』七章の釈義では、„...er [S. Paulus] sagt, du sollest jm *beruff* blejben, darjnn du beruffen bist...“[★32] と語り、まったく同じ構文の klēsis に、ruff ではなく beruff を当てている。つまり、聖句そのもの（の訳語）と、聖句の釈義（に用いる語）との間にも、双方にまたがる空間的な揺れが認められる。とすると、語形上はわずかに異なる揺れの両極といっても、ルターは、語義上／語用上は、類語の ruff と beruff とを、この釈義のばあいのように互換的に使い、歴然たる差異を認めて厳格に使い分けていたのではない、と考えられよう。[33]
ところで、著者ヴェーバーはなるほど、右記引用句中の一箇所のかぎりでは、「揺れ」の一極すなわち『コリントI』七章二〇節についてのみ参照を指示し、他極 beruff の所在には触れていない。しかし、この「所在の指示がないこと」に隠蔽といった意図があるとは、(偏見を押しかぶせるのでなければ) とうてい考えられない。ルターの ruff は、ここが (「倫理」における) 初出で、しかも用語法における例外ないし稀少例をなし、ここでどうしても所在を挙示して確認しなければならない。それにたいして、beruff のほうは、五書簡ごとの所在を同一パラグラフの冒頭に明記してあるから、読者は先刻承知で、(よほど思い込みがはげしく、偏見に囚われてコンテクストが目に入らない読者を別とすれば) 改めて明示的に挙示するにはおよばず、正常な読解能力の了解圏内にあると判断しても無理はなかろう。
そういうわけで、ヴェーバー自身は、ルターの訳語選択において『コリントI』七章二〇節初期の ruff が、後に (とくに一五三三年の『ベン・シラ』訳までの期間に) beruff に改訂された、とは主張していない。[34] ましてや、そうした改訂がじっさいになされ、その事実が立証されるのでなければ、「倫理」の全論証構造が崩壊する、とは考えていない。
というのも、聖書翻訳史ないし固有の意味におけるルター研究[35]とは異なり、「大衆宗教性 *Massenreligiosität*」(たとえば「ルター派」「カルヴィニズム」「ピューリタニズムの諸『ゼクテ』」) と「経済志操 Wirtschaftsgesinnung」(たとえば「精神」) との歴史的な意味/(因果) 連関に焦点を合わせる著者の歴史・社会科学的パースペクティーフからすれば、klēsisの訳語にかかわるルター個人の、しかも類語（ruffとberuffとの）間の「揺れ」は、さほど決定的な意義／価値関係性はもたない。だいたい、ルター自身がどれほど鋭くruffとberuffとを区別し、使い分けていたのかも、前記のとおり疑わしい。それよりもむしろ、ルターが、（一）『コリントI』七章二〇節のruff（釈義ではberuff）を、七章一七節から三一節にいたる前後のコンテクストから「身分（一般）」と解し、[36]これを媒介（「架橋句」）として、（二）ときには互換的に用いている類語beruff[37]の（「聖職への招聘」という旧来の）適用制限を外し、（折からの前記思想変化にもとづいて）「職業一般への招聘」に適用範囲を拡大して『ベン・シラ』句にも当てた、という事実、また、やがては、それに優るとも劣らず重要なこととして、（三）ルター個人のそうした到達点から、その成果を継受して「大衆宗教性」としてのルター派が発展を遂げ、そこでは『コリントI』七章二〇節のruffも、ルター本人を越えてberuffに改訂／統一されるにいたっている、という事実を、歴史的展開の大筋として見通し、この歴史的到達点を、ルター聖書のほかならぬ普及版（複数）によって確認すれば、さしあたりはそれで十分だったろう。[38]

ちなみに、著者ヴェーバーは、『コリントI』七章二〇節のみでなく、『箴言』二二章二九節も、右記の歴史・社会科学的パースペクティーフから、同様に位置づけ、同様に取り扱っている。すなわち、ルター本人においてはberuff, Beruf相当語が当てられるはずはなく、geschefftのままだったにちがいないし、さらに（この『箴言』句のほうは）、「伝統主義」をいっそう強めたルター派においても、それだけいっそう然りだったにちがいないけれども、ルター／ルター派の「伝統主義」とは異なり、「わざの巧みさ」を（「わざ誇り」としてしりぞけるのでなく、逆に）「有効な信仰」の「証」として重んずる方向に転じた他宗派、とくにカルヴィニズム（の大衆宗教性）においては、『箴言』二二章二九節の geschefft, business も、やがては Beruf, calling に置き替えられるにいたる、と適合的に予想できよう。ヴェーバーにとっては、そうした歴史的変遷を見通し、この第一章＝「問題提起」章では、一方でフランクリン父子の calling、他方でルターの geschefft、双方の（一致でなく）不一致をこそ確認し、フランクリン／ルター双方にかんする論述への注記でそれぞれ挙示しておけば、やはり当面はそれで十分だったはずである。というのも、双方の職業観を表す用語にかぎってではあるが、「倫理」という一論文における歴史的意味／（因果）帰属の起点（フランクリン）と溯行限界点（ルター）、歴史上の始点（ルター）と帰着点（フランクリン）、双方の語形をとりあえず注記し、まさにその不一致の確認によって両端間の変遷を予示し、これを主題としてつぎの「本論」に送り込めば、それで「問題提起」章としての役割分担は、[39]ひとまず果たし終えたと見ることができるからである。

むしろ羽入だけが、唯一抜き出した「倫理」にかぎっても、本論でなく「問題提起」章、それも第二／三節のほんの端緒、しかも本文でなくて注、その注もごく一部、さらには当の「ごく一部」についても注記内容中のこれまた二三の断片、というふうに視野を狭め、その枠内でしかものを見ず、羽入のそうした狭い世界を即ヴェーバーの全世界と決め込んでいる。他方では、著者ヴェーバーの思考の段取りを方法論と結びつけて捉え返していない。そのため、「倫理」の全論証構造を、フランクリン文献で例示される「精神」／「職業観」[★40]の起源を求める「古プロテスタンティズム」への「遡行」（六五―八）と、抽象的かつ大まかに要約しているうちはよいとしても、一方では内容上、「古プロテスタンティズム」がもっぱらルター本人に狭められ、[★41]他方では形式上／方法上、「遡行」が、ルターからルター派／プロテスタント諸宗派における変遷をへてフランクリンにいたる意味／（因果）連関の歴史・社会科学的（理解科学的）解明／説明ではなく、語しかも語形の一致の、没意味文献学的確認にすり替えられてしまう。羽入にとって「遡行」とは、フランクリンをルターに、もっぱら語形 calling を語形 Beruf に短絡させ、直接に結合することのようである。語の外形一致の確認というこの疑似目標が達成されれば、「倫理」は「問題提起」（第一章）に属する注と注との連絡だけで自足完結して本論（第二章）は不要となり、他方、確認が取れなければ「全論証構造が崩壊」するらしい。

『コリントI』七章二〇節についても、羽入は、『箴言』句のばあいと同様、初期の ruff が時間的に beruff に「揺れ」（改訂され）て、『ベン・シラ』の beruff と外形上一致するのでなければ、「遡行」が達成されず、「倫理」の「全論証構造が崩壊」すると思い込んでいる。こうした想念／固定観念が、視野狭窄と方法無理解から生ずる独り合点の迷妄であることに、羽入自身は気がつかない。むしろ、自分の迷妄をヴェーバーに押しおよぼし、ヴェーバーも外形不一致を「アポリア」と捉えて「打開」しようとしたが果たせなかった（「杜撰」ゆえ原典による事実確認すら怠った、あるいは外形不一致を確認はしたが、資料操作による「詐術」で「隠蔽」した）との羽入の「落としどころ」にヴェーバーを引き込もうとする。したがって、「ヴェーバーもじつは外形不一致を『アポリア』と捉えていた」とヴェーバー側の証拠によって裏づけられれば、たいへん都合がよい。そうできれば、自分の迷妄を、ヴェーバーも拘束されている客観的真理規範であるかに見せ、これを「万力」としてヴェーバーを押さえ込み、「拷問」にかけ、引き倒す筋書きも描ける。そこで羽入は、「ヴェーバー側の証拠」となりそうな素材を探り、ヴェーバーの所論のなかから、ヴェーバーにとっての価値関係性や限定には無頓着に、羽入自身に都合のよい箇所を見つけてきては針小棒大な議論に乗せ、都合の悪い箇所はあっさり無視して、自分の迷妄への「対象側からの支柱」を立てようとする。初期ルターの用語法における五書簡および釈義にまたがる空間的な「揺れ」を、『コリントI』七章二〇節の時間的な「揺れ」にすり替え、ヴェーバー自身も、ruff から beruff への改訂の証明をみずからに課していたかのように描き出した前述の箇所も、その一例といえよう。

しかし、羽入のそうした解釈は、右のとおりコンテクストを考慮して慎重に検討すれば、いかにも無理な牽強付会と判明する。羽入には、著者ヴェーバーを引き倒そうとはやる情動が、テクスト読解にも持ち込まれて、羽入の解釈を、羽入には好都合でも客観的には妥当といえない方向に、たえず押し流している。そうした解釈が、容易に察知される問題点として目立ち、みずから墓穴を掘っている。

七、資料種選択と研究能率

さて、これまでの議論でもすでになんどか出会っているが、羽入には「パリサイ的原典主義」と呼ぶほかない習癖が顕著である。「原典」ないし一次資料を、それ自体として（関連論点の価値関係性の度合いには無頓着に）絶対化し、その外形を（意味から切り離して）ときに写真入りでうやうやしく掲げ、あたかも呪物崇拝の対象であるかのように、みずから拝跪し、（羽入書のスペースを大幅に割いては）読者にも強いている。「原典」ないし一次資料による裏づけを、「知的誠実性」の唯一の――といわないまでも、最重要な――格率に見立て、一方的／一面的な裁断規準として適用し、わずかな違反でも執拗に追及してやまない。

そこで、資料種の選択を、羽入流の固定観念からは解き放ち、学問研究の一般原則にかかわる規範／格率の問題として設定しなおし、一考を試みよう。

研究者が「知的誠実性」を「規範 Norm」として尊重すべきことはいうまでもない。じっさい、圧倒的多数の研究者は、研究に携わるとき、当の規範の経験的表象である規範的「格率 Maxime」を遵守する（さなくとも、遵守の方向でそれに準拠する）のが通例であろう。

もとより研究者は、いろいろな局面で知的誠実性を問われる。たとえば、自分の提起した仮説、このばあいでいえば「ヴェーバー詐欺師説」が立証されなかったとき、どう責任をとるか、といった局面でも。この観点から、本稿への羽入の対応に、読者とともに注目しよう。

なるほど、研究上の資料種の選択も、そうした諸局面のひとつに数えられよう。いま、それについて、一次資料―二次資料―普及本―翻訳―辞典類―他者説の（顕示的ないし黙示的）引用……といった順位のスケールを考えれば、二次資料以下には入れ替わりもあろうが、上端の一次資料が一般に最善であることには、異論はない。ただし、つねに「知的誠実性」の規範を尊重し、そこから導かれる諸格率を最大限遵守している研究者でも、一次資料の探索と調査に時間と労力を割けず、二次資料などで代替することも少なくない。というのも、現実の経験的研究者は、規範的格率のみでなく、研究上の経済という合目的性の格率にもしたがい、両者のせめぎ合いのなかで仕事を進めているからである。

その点、「倫理」の著者ヴェーバーは、みずからの生活史における脱職業人化を契機に、ヨーロッパ近代の職業人／職業観を問題とし、それまで専門としてきた経済学の埒外にはみ出て、実存内奥の不安とその由来を歴史・社会科学的に「解明」する新しい方法を模索し、「ロッシャーとクニース」に始まる方法論文を連綿と書き連ねながら、他方では（方法論と経験的モノグラフとを切り離さず）、「倫理」と、それ以外にも社会政策の科学的批判にかかわる一範例論文「プロイセンの『信託遺贈地問題』にかんする農業統計学的／社会政策論的考察」を『社会科学・社会政策論叢』に発表するなど、つねに過大な研究課題を抱え、五六歳で急逝するまで、二格率の厳しいせめぎ合いに生きた。

されればこそかれは、一方では歴史研究につき、「なにが探究の対象となり、その探究が無限の因果連関のどこにまでおよぶかを規定するのは、研究者およびかれの時代を支配する価値理念である★42」、他方では理論研究につき、『限界効用理論』もまた、『限界効用の法則』にしたがう★43」と明言し、研究にあたってはつねに、一方では資料の種別と範囲、他方では理論展開の限界を、価値関係性と合目的性の規準にしたがって自覚的に制御していた。かりに「倫理」が「なにもかにも論文」で、どんな些細な論点もことごとく一次資料によって裏づけられていたとしたら、羽入には「完璧な作品」として賛嘆されるかもしれないが、著者ヴェーバー自身は、冗漫つまりは自己制御の弛緩ゆえの拡散と彷徨として、誰よりも厳しく自己批判したにちがいない。じっさいには、「倫理」は、個々の論点について、それぞれの価値関係性と合目的性がよく自覚され、制御されている、引き締まった作品である。

八、生硬な二項対立図式

ところが、羽入はまず、知的誠実性の規範から導かれる経験的諸格率のうち、資料種選択のそれに狭めて「知的誠実性」を問う。「ヴェーバー詐欺師説」が破産したとき、どう責任を取るかも知的誠実性の問題、と自覚しているのかどうか。

ともあれ、羽入にしたがって資料種選択の問題に絞れば、ある論点に一次資料による裏づけが欠けているとして批判すること自体は、もとより結構である。その論点の価値関係性が高ければ、それだけ批判は有効となり、当の一次資料にもとづく研究の新展開に道を開くであろう。ただしそのさい、当該論点が、批判相手の問題設定をめぐる展開全体のなかでどういう位置を占め、いかなる価値関係性ないし合目的性をそなえているのか、併せて示す必要がある。そうでないと、批判としては的を失する。相手方の関知しない疑似問題を、論証ぬきに「アポリア」と称し、たまたま「プロクルーステースの顕微鏡」★44に映し出された断片に一次資料による裏づけがないといって「いきり立つ」ようでは、批判はそれだけ「空を斬り」、的を射損なうだけではないか。

ところが羽入は、「倫理」の全論証構造の論証ぬきに、そのなかでの位置価／価値関係性も問わず、独り合点の「重大」論点にかんする一次資料の欠落を執拗に難詰し、著者ヴェーバーをなじる。しかし、そうした詰問が異様に激越であればあるほど、羽入には、理念と現実、規範と格率との区別がつかず、（一次資料の使用に狭められた）「知的誠実性」規範を無媒介に現実に持ち込み、「誠実」か「不誠実（杜撰／詐術／詐欺）」かの二項対立図式を振りかざし、二格率がせめぎ合う研究の実情も汲めず、相手方への無理解な裁断と（打って変わって野放図な）自画自賛に耽っているとの印象を、みずからそれだけ強めざるをえない。

こういう生硬な「倫理主義」が行き着く果てには、「倫理性」の函数ではない学問研究は立ち枯れ、

「(羽入流)なにがなんでも一次資料マニア」と「知的に不誠実な杜撰者ないし詐術者」しか残らなくなろう。羽入が、「倫理」第一章第二/三節の冒頭に、ほんのとっかかりをつけただけで、それ以上(著者ヴェーバーへの批判であれ、羽入に固有の問題の展開であれ)一歩も先に進んでいないようなのは、まことに象徴的ではないか。

顧みるに、筆者の世代は、「べた褒めか、べたくさしか」の二項対立図式の弊害を、往時の多分に倫理主義的なマルクス主義について痛感し、その克服をめざしながらヴェーバー研究にも取り組んだのであった。ところが、羽入書を読むと、それ以前に戻ってしまったかの感がある。しかも、かつてのマルクス主義には、歴史的/社会的な問題意識と思想性が、むしろ過剰にそなわっていた。羽入にはその片鱗もなく、個人として固有の問題設定も見られない。なぜ「精神」ないし「(ヨーロッパ近代の)職業観/職業義務観」を問うのか、をめぐる著者との対話と省察の跡も見当たらない。ただただ著者憎し/(じつはおそらく、それ以上に)「ヴェーバー研究者」憎しの「抽象的情熱」に駆られているようである。

九、一挿話――パリサイ的原典主義の反転/回帰

羽入によれば、ヴェーバーは「倫理」第一章第三節冒頭で、Beruf相当語がカトリック教徒の優

勢な民族の言語には見当たらず、プロテスタントの優勢な民族の言語には必ず見られる、という関係を指摘したうえで、「当の言語の人種的に条件づけられた何らかの特性、たとえば『ゲルマン的民族精神』の現れ、などといったものがそのばあい関与しているのではなく、今日の意味でのこの語は、聖書の翻訳に、それも原典の精神にではなく、翻訳者達の精神に由来する」と語ったという（二三）。羽入は、この引用に添えて、「倫理」の初（『社会科学・社会政策論叢』）版、改訂（『宗教社会学論集』）版、大塚訳、および梶山訳／安藤編から、計四種のページを、誠実に注記している。

ところが、この注記にしたがい、原典と二種の邦訳に当たってみると、梶山訳／安藤編には第一刷と第二刷とがあり、その間でわずかながら改訂が施されている事実に気がつく。すなわち、原語 ethnisch を、大塚訳は「民族的」と訳し、梶山訳／安藤編も、第一刷では「人種的」と訳出していたが、第二刷では「種族的」に改めている。常識的に考えても、著者ヴェーバーの用語法[★45]に照らしても、第一刷の「人種的」だけが明白に誤訳である。とすると、羽入はなぜ、よりによって第一刷の誤訳を引用したのであろうか。

というわけで、いまや、羽入がヴェーバーを追い込もうとした「落としどころ」に、こんどは羽入自身が引き入れられ、羽入がヴェーバーにさし向けていた攻略法が、ブーメランのように反転／回帰して、羽入自身に向け替えられる役回りとなる。

なるほど、この誤訳引用は、羽入の問題関心からすれば、当面の議論の本筋には直接の関係はなく、その意味で「価値関係性に乏しく」「とるに足りない」ことであろう。筆者もまた、「ヴェーバー通」を自負する（一二）羽入であってみれば、ヴェーバーの基本的用語法くらいは確かめ、第一刷と第二刷の訳語を比較し、正しいほうを引用すればよかったとは思うけれども、「人種」と「種族」との区別が「当面の議論の本筋には直接の関係はない」ことも分かるから、「多分そこまでは手がまわらず、手元にある第一刷から関連叙述を手っとり早く引き写してすませてしまったのだろう」くらいに考え、なにかそこだけに「目くじらを立て」て「杜撰」と決めつけるようなことはしない。

あるいはここに、「マックス・ヴェーバーにおける人種的偏見とその克服」といったテーマに焦点を合わせ、この問題にかかわるヴェーバーの言説の変遷を追っている研究者がいるとする。羽入とは異なるこの研究者の問題関心からすれば、羽入による誤訳の看過／踏襲は、一瞬、看過すべからざる問題と映るにちがいない。しかしかれが、自他を区別でき、相手の事情も汲み取れる、しなやかな感性と思考の持ち主であれば、当の誤訳引用にかぎっては、せいぜい問題点として指摘し、（言論の公共空間における誤解の拡大を防ぐために）訂正を求めるくらいにとどめ、それ以上の「深追い」や糾弾は手控えるであろう。

ところが、ここにもうひとり、「知的誠実性」規範を遮二無二振りかざすパリサイ的倫理主義者がいるとする。かれは「めざとく」、羽入のこの、ちょっとした過失を「見咎め」、「鬼の首でも取ったかのように」食らいつき、「針小棒大な」議論を展開するであろう。

「『知的誠実性』の第一要件として『原典主義』を掲げる羽入は、自身その権化として、すべての原典と一次資料に通じているにちがいないから、当然、梶山訳／安藤編の第一／二刷も読みくらべ、ヴェーバーの用語法にも通じ、それぞれの訳語の適／不適は十分承知したうえで、あえて第一刷から誤訳を引用したにちがいない。だれもそこまで細かくは調べないだろうと『たかをくくって』。別人ならいざ知らず、羽入にかぎって、手近なところにあってすぐにでも調べられる第二刷、しかも（羽入によれば）羽入とも親交があったとのことで、訳語の問題を指摘されれば即座に検討して誤訳は改める誠実の人として知られた安藤英治編訳の第二刷（安藤生前の最終決定版）を、調べ忘れたなどということが、ありえようはずがない。

では、羽入は、承知のうえでなにを狙ったのか。ヴェーバーの『詐術』にかんする羽入の『読みの深い』所説から推して、羽入も、ヴェーバー打倒の闘いを有利に進めようと意図し、ヴェーバーが生物学的『人種』概念と文化的『民族』概念との区別もつかない錯乱者であったとの印象をさりげなく読者に与えることこそ得策と、原典の表記と邦訳での訳語変更の事実はわざと伏せて、巧妙に読者を誘導する『持ち前の詐術の力量』を発揮したにちがいない」と。

閑話休題。この一挿話はもとより、「知的誠実性」規範のパリサイ主義的な一人歩きを戒めるため、かりにそれが（自己批判を没却しているかに見える）羽入自身に反転／回帰するとどうなるか、と問い、その回答を、羽入自身の一具体例に即して仮構してみたまでのことである。

一〇、疑似問題設定の代償——全業績の批判的継承への道を閉ざす

さて、羽入は、第二章「„Beruf"-概念をめぐる資料操作——ルター聖書の原典ではなかった」でも、一八世紀のフランクリン父子と一六世紀のルターとが、後者発の言霊経由で直接結合していなければならず、それが語形の一致によって立証されなければ「倫理」の全論証構造が崩壊する、という奇妙な「アポリア」を虚構し、「倫理」に持ち込んでいる（三六、六八、六九、七〇、七一、一〇三、一〇六、一七五、二六七）。ただしこんどは、言霊の回路が『ベン・シラ』ではなく『箴言』である。すなわち、『箴言』二二章二九節の m^{e}lā'khā が、フランクリン父子の着信地で calling となっているからには、すでにルターが（gescheft から）Beruf に改訳して発信していなければならないと決め込み、この先入観を著者ヴェーバーに投影し、著者もまた同じように思い込んで（羽入の「アポリア」を好都合にも引き受けてくれて）、「倫理」第一章第二／三節冒頭の注で「言霊の直接結合」を語形一致によって立証しようと苦心惨憺しているが、いかんせん果たせなかった、という筋書きである。そしてこの「アポリアの回避」（一〇六）を、またもや羽入がルター訳聖書の「原典」に当たって「暴露」し、「世界初の発見」をなしとげ、「文献学は恐ろしい」（一三）と凱歌を挙げる。疑似問題に発し、著者ヴェーバーとは無縁の自作自演劇「プロクルーステース英雄譚」が、照明過多で上演されてい

る。

こういう自己満足/自己陶酔の代償は大きい。ルターの geschefft から、フランクリン父子が calling で読むまでの歴史が、羽入の言霊結合論によって掻き消されるばかりではない。本書第一章でも概略述べたとおり、「倫理」を起点とするヴェーバー自身の歴史・社会科学的研究は、一方では歴史の多様性と紆余曲折を重んじ、他方では明晰な概念的思考をもって、「(ヨーロッパ近代の)職業観」を焦点に、「(ヨーロッパ)近代人の歴史的運命/来し方行く末」を見据え、見通そうとしていた。ところが、羽入のように、(ヴェーバー後期の学問的労作全体からみれば起点にすぎない)「倫理」の、そのまたほんの端緒のところで、疑似問題を持ち込み、ヴェーバーの全業績を葬ったかのように思い込んでしまったのでは、わたしたち自身が「『近代』の行き詰まりははたして打開できるか、できるとすればいかに?」といった原問題関心から、ヴェーバーの全業績を学び、必要とあれば批判を加え、改訂/是正していく、という学問の常道を、みずから閉ざしてしまうことになろう。

ヴェーバーは「倫理」で、宗教性と職業観との意味連関につき、「中世修道院と異端諸派―ルター/ルター派―カルヴァン/カルヴィニズム―敬虔派/メソディスト派/再洗礼派系諸ゼクテ―フランクリン(「精神」)―純然たる功利主義―現代の『末人』」という「意味変遷(精神史)の理念型スケール」を、ひとまず構成する。★46 これをそのあと、一方では「世界宗教」シリーズ、他方では『経済と社会』草稿により、巨視的文化圏比較のパースペクティーフのなかに位置づけ、普遍性をそなえた概念に鍛え上げ、決疑論体系に編入する。そのうえで、第一章でも述べたとおり、「倫理」末尾の研究プランに沿って、「中世における世俗内禁欲の発端から、禁欲的合理主義が歴史的に生成する経緯と、それが純然たる功利主義へと解体する跡を、歴史的に、しかも禁欲的宗教性の個々の波及地域に即して究明[★47]」する歴史研究に、「叙述手段」「索出手段」として（こんどは）適用し、「意味変遷の理念型スケール」を、そうした適用をとおして展開していこうとしていた。

筆者は、このプランが放棄されたとする通説には与しないし、改訂稿が『宗教社会学論集』に収録された事実を重視する。そのように「倫理」をそれ以降の著作群のなかに位置づけて初めて、その意義も限界も的確に把握されよう。また、著者ヴェーバー自身は急逝によって果たせなかった研究課題を、わたしたちが、（しばしばなされるように、自分たちの水準に合わせて割引し、減価を招くことなしに、むしろ）その潜勢を孕む極大値に即して引き継ぐことができよう。さらには、ヴェーバーも射程に入れていなかった研究テーマ、たとえば「ヤン・フスは、ルターに約一世紀先立つチェコ語の説教で、問題の諸聖句をどう訳し、どう講解していたのか、そうした訳語選択はかれの宗教改革思想とどう関連していたのか、またその歴史的意義と限界は？」というようなテーマに進出し、ヴェーバーが構成しておいてくれた理念型スケールを継承／活用し、批判的に改訂／拡充していくこともできよう。ルターとフランクリン父子との間に横たわる歴史的変遷についても同様である。一方では歴史の見極めがたい多様性と紆余曲折に豊かな感受性をそなえ、他方では明晰な概念的思考を重んじて、双方を両立させようとすれば、そうする以外にはなかったし、いまもってないにちがいないからである。そういう意味で、著者ヴェーバーの全業績を正味批判的に継承するような研究は、一世紀にもおよぶ「対象に就く」研究の蓄積を踏まえて、いまようやく始まろうとしている、といっても過言ではなかろう。

ところが羽入は、「倫理」以降の展開を「逃走」（二六三）と断じ、「世界宗教」を「広漠たる世界」（二七二）「大風呂敷」（二七三）と決めつけて、「倫理」との方法的／内容的関係を問わない。こうした「倫理」への自己閉塞——あるいは「倫理」への「逃走」——ともいうべき短見に囚われて、羽入自身いかに多くを失っているか、ことによると羽入書に惑わされる若い読者にも失わせることになるか、気がつかないのであろう。

一一、資本主義の「精神」は功利的処世訓か、それとも倫理／エートスか

羽入書第三章「フランクリンの『自伝』をめぐる資料操作——理念型への固執」で、羽入は、「フランクリンの功利的傾向を否定するための［ヴェーバーの］論拠」（一四二—四、一八六、一八七、一八九）を抜き出しては反論している。しかしここでも、著者ヴェーバーが概念的に論じている問題が、羽入の無概念的感得の水準で疑似問題にすり替わっている。ヴェーバーは、フランクリンの功利的傾向を否定したのではなく、それはそれとして認め、そのうえで、独自の倫理／エートスという「精

神」の主要傾向と当の功利的傾向との意味上の構造的結節点を見定め、さらに「意味変遷の理念型スケール」の上に位置づけているのである。問題は、「フランクリンという一人物は『倫理的』か、『功利的』か」ではなく、『精神』に独自の特質とはなにか、それはどんな意味で『倫理的』かつ同時に『功利的』か」にある。敷衍しよう。

著者ヴェーバーは、「倫理」第一章第二節冒頭で、「精神」の「暫定的例示」のため、フランクリンの二文書からの抜粋を「一文書資料」として引用している。その内容は、「時は金なり」「信用は金なり」の二標語に象徴されるように、すべての生活時間と対他者関係とを一途に捧げて貨幣増殖につとめよ、との訓戒である。

問題はまず、この訓戒が、処世訓／実務上の才覚の教えか、それとも倫理／エートスか、にある。では、双方を区別する概念標識はなにか。前者では、当の格率に違反したばあい、違反そのものは咎められず、その必然的帰結として不利益を被ることが「愚鈍」として嘲笑されるだけである。それにたいして後者では、違反自体が「当然なすべきこと（義務）を怠って怪しからん」という「一種独特の sui generis」非難を招き、この非難そのものと、ばあいによってはそこから派生し組織化される人為的「制裁」が、当人の被る不利益の主要な構成要素をなしている。[★48]

とすると、この「一文書資料」は、「掲げられた格率に違反するとこれこれの損失（不利益）を被る、それが分かっていながら違反するのは愚かである」と説く点にかけては、確かに処世訓である。しかし、（一）「そうした不利益を避けるため、そのかぎりで貨幣増殖につとめるほうが賢明である」と、相手方の自利心に訴えて穏やかに勧告しているのではなく、むしろそうした不利益を威嚇として並べ立てながら、貨幣増殖を要請している。(二)当の貨幣増殖そのものはといえば、賢明の域をこえる一種の至上命令(いってみれば「定言的命令 kategorischer Imperativ」)として、理屈ぬきに、頭から措定されている。しかも、(三)格率違反そのものが、一箇所では「貨幣殺し」にたとえて非難されている。さらに、(四)「勤勉」「質素」「几帳面」「正直」「思慮深さ」といった徳目が掲げられるが、「貨幣増殖」は、そうした徳目を(「信用」を介して)手段系列に編入する「より高次の善」(極限化すれば「最高善」)の位置を占める(後述のとおり、この系列編成に、純然たる功利主義へと転移する動因が潜んでいる)。

そういうわけで、(五)「……とおもえ Bedenke」「……に注意せよ Hüte sich」といった命令口調(著者の言葉では「モラリストのスタイル」)で語られるという形式面に加え、このとおり内容上の核心を取り出して思考のうえで極限化してみると、そこに表明されているのが、たんなる処世訓ではなく、倫理的説教である、という著者の主張も、右記の概念標識に照らし、これに該当する命題として、もっともと首肯されよう。それにひきかえ羽入は、処世術と倫理とを概念的に区別し、これに照らして「一文書資料」の内容を分析してはいない。むしろ「フランクリンは『功利的』でさほど『倫理的』でない」と無概念的に決めてかかっていると見えるが、どうか。

一二、資本主義「精神」の独自性——営利追求そのものの倫理的意味づけ

しかも、ここで重要なのは、右の意味における倫理的説教が、本来のモラリストであれば眉をひそめかねない、活動の中身としては卑俗このうえない営利追求／貨幣増殖に、大真面目にリンクされていることである。ここに、このフランクリンからの「一文書資料」によって例示される「精神」が、独自の倫理として関心を惹く所以／価値関係性がある。というのは、こうである。著者は、この「一文書資料」の趣旨は、「自分の財産［改訂稿では資本］を増加させることへの利害関心が自己目的であるという前提の上に立って、各人をそうした利害関心に向けて**義務づける思想**[★49]」にある、と要約している。梶山訳／大塚訳では脱落している「利害関心 Interesse」の語に注意したい。すなわち、「自分の財産を増加させることへの利害関心」は、「利害関心」のかぎりではどこにでも見られる現象であるが、それがまさに「利害関心」にとどまっている間は、適度に充足されれば駆動力を失うという制約を免れない。ところが、それがじつは自己目的で、自己目的的に（つまり適度に充足されても止むことなく）追求することが許されているばかりか、各人に義務として命じられていると教え込まれ、こうした義務観念に媒介されるときに初めて、財産増殖への利害関心が無制約的に発動され、資本蓄積が（まさに資本蓄積として）無制約的に追求されるようになる。つまり「利

害関心」が「理念Idee」によって「転轍」され、資本蓄積の「軌道」に乗る。だから、フランクリンの「一文書資料」をあくまで一例示／一認識手段とする「精神」とは、財産増殖への利害関心を「転轍」して無制約的な資本蓄積への「軌道」に乗せる「理念」上の梃子であり[★50]、まさにそうした文化意義／価値関係性に着目して、鋭い一義的理念型に構成されているのである。

この点は、ヤーコプ・フッガー（前期的商人）の処世訓と比較してみると、いっそう鮮明になる。フッガーも、「できる間は隠退せずに儲けよう」と述べ、貨幣増殖に「全生活時間を捧げる」点にかけてはフランクリン説教と軌を一にしている。しかし、営利追求そのものへの意味づけがちがった。フッガーという一人物をとれば、倫理に無関係どころか、「私財を投じて」アウグスブルク市に大規模な救貧集合住宅を建設するような公徳心をそなえていた。しかしかれは、営利追求そのものは「倫理的」と感得せず、カトリックの教えにしたがって、端的に「反倫理的」か、せいぜい大目に見られる「倫理外の」活動、と心得ていた。だから、「全生活時間を捧げ」ればそれだけ、秘かな内奥の負い目／疚しさ／死後の懲罰への不安を免れない。さればこそ、一種の精神的保険として、経済外の慈善事業に私財を投じ、ちょうどその分、資本蓄積からの逃避をまねくことにならざるをえなかったのである。

他方、フランクリンももとより、公共事業に打ち込む公徳心の持ち主であった。しかしここで問題なのは、そうした人物評ではなく、かれにあっては貨幣増殖をめざす経済活動そのものが、疚しいどころか、右記のとおり倫理／エートスと感得され、「果たすべき義務を果たしている」という最高の良心をもって、されぱこそ、楽天的といえるくらいに明るく、あけっぴろげに遂行されえた、という一点である。ある人物が「倫理的」か、それとも「功利的」か、が無概念的に問われているのではなく、営利追求という特定の活動領域が、いかに意味づけられているか、が問題なのである。

一三、功利主義への転移傾向と純然たる功利主義——キルケゴールとヴェーバー

他面、フランクリンはなるほど、「一文書資料」でも、信用を獲得し維持するためには、正直／勤勉であると人に見られること（外見）が重要であると説き、『自伝』によれば、「商売相応に手堅くやっていることを人に見せるため、方々の店で買った紙材を手押し車につんで、自分で往来を引いて」[★51]帰ったという。ほかならぬかれの倫理では、正直／勤勉といった徳目が、固有価値として措定されるのではなく、このようにまさしく「貨幣増殖—信用—諸徳目」という系列に編入されているために、いつしか信用獲得という効果に力点が移動し、「事実いかにあるか（じっさいに正直か）」という（使用価値）視点にたいして「人からどう見られるか（じっさいに正直かどうかはともかく、正直と見られて信用をかちえられるか）」という（交換価値）視点が優越してくる傾向（「客観的可能性」）を免れがたい。この傾向が行き着く果てには、「外見が同じ効果を生むのなら外見の代用で十分」と

いう「(外見で人を欺く)偽善」も帰結されよう。ゼーレン・キルケゴールのように、もっぱら内面的「志操 Gesinnung」に焦点を絞って「倫理」を定義すれば、フランクリンの倫理はすでに、効果に気を取られて別領域に「転移」を遂げた「非倫理」であろう。★52

しかしヴェーバーは、ちょうどここのところで、キルケゴール流の(ある意味でルター的/ドイツ的で、キュルンベルガーにも通じる)一面的裁断は避け、フランクリンが外見を重視しながらも、さりとて内実はどうでもよいとしたのではなく、じっさい正直/勤勉に振る舞った側面にも注意を向ける。とくにフランクリンが、「一三徳」樹立にあたり、「建前としての倫理」と「実践としてのエートス」との乖離という(この領域特有の)困難に気づき、「自己審査手帳」をつくって「一三徳」を習慣として身につけよう(つまりエートス化しよう)と誠実に努力した側面★53も見落とさない。さればこそ、前記「意味変遷の理念型スケール」で計測して、「功利主義に転移する傾向を帯びてはいる utilitarisch gewendet」が、右記両視点がまだ微妙な均衡を保っているかぎり、純然たる「功利主義 Utilitarismus」そのものではない、と位置づけたのである。これを羽入は、「蓼食う虫も好きずき」で「好みの問題」にすぎない(一四四)といってのける。しかし、いとも気楽なそういう裁断は、むしろ無概念的印象に流される羽入の人物評にこそ当てはまるではないか。

さらに、もしフランクリンの信条が純然たる功利主義であれば、個々人の「快楽」「幸福」「便益」を至上目的とするはずである。しかしかれは、「一文書資料」では「散歩や気晴らしに半日を費やす」ことも「娯楽に六ペンスを支出する」ことも禁じ、『自伝』には、「着るものは質素にかぎり、遊び場には足を向けず、狩りや猟にもいかず、書物に気をとられるのもたまさか[★54]」であったと述べている。こうした傾向を概念上煮詰めて、「自然の享楽をしりぞけてひたすら貨幣を獲得しようとする営利追求が『最高善』とされ、まさにそれだけ、快楽や幸福を目的とする功利主義からは『非合理的』と見られる」と要約し、鋭い一義的理念型に見立てることが、なぜ「極端にグロテスクなまでにデフォルメされ」（二八六）た「暴論」（二八九）なのか。むしろ、そう決めつける羽入のほうが、無概念的感得の水準で、一人物フランクリンを実体化し、「功利主義」に押し込めている、あるいは、押し込めたい、のではないか。さればこそ、「対象に就いて」特性を記述する価値中立的な語句を選んで評価は読者に委ねようとするのではなく、むしろ（ここにかぎらず）「極端」「グロテスク」「デフォルメ」「暴論」といった、どぎつい評価語彙を連ねては、読者の評価に先手を打とうと奮闘せざるをえないのであろう。

　羽入はそのうえ、「勤勉を富と名声を手に入れる手段と心得た」というフランクリンの言葉を、奇妙にも、ヴェーバー説にたいする反証として再三引用し、強調している（二八一、一八四―五、一八九、一九〇、二六八）。しかし、当の言葉そのものは、フランクリン倫理の構造（すなわち、勤勉／正直などの徳目が信用獲得を媒介として貨幣増殖の手段系列に編入され、まさにそれゆえ功利主義への転移に傾くという前述の構造）を標語的といえるくらい的確／簡潔に表現しており、その意味でむしろヴェーバー説に恰好の証拠ないし傍証をなしている。それにもかかわらず、羽入がそれを「反証」と見なせるのは、フランクリン文献からの無概念的感得内容に「勤勉は『倫理的』、名利追求は『功利的』」という二項対立図式を押しかぶせるからであろう。フランクリンが名利にそれほど楽天的であけっぴろげなのも、まさにエートスに媒介されればこそ、という関係が、羽入には把捉できない。羽入がフッガーとの比較に触れないのも偶然ではあるまい。もとよりそれは、フランクリンとフッガーとの比較により、双方のエートスの歴史的特性を突き止めようとする問題意識とスタンスが、そもそも欠けているからではあろうが。

ちなみに、羽入はこの文脈で、ヴェーバーが、フランクリンを一面的に「功利的」と見る（ルター派的／ドイツ的な）見方に反対して、その一論拠にフランクリンが受けた「神の啓示」を挙げているのは、当時編纂途上にあった資料に難があり、じつは「神の啓示」などなかった、と例によって延々と論じている。つまり「神の啓示」への言及を真に受けてフランクリンの宗教性を想定するのは誤りであると論定している（一四五—七六）。ところが、その羽入が、つぎの第四章で、著者ヴェーバーが「（証明すべきことを前提として立論する）原理請求 petitio principii」に陥り、これを隠蔽しようとして詐術を弄した、と主張する段になると、フランクリンが「カルヴィニズムの予定説の神」に言及した事実を、羽入自身こんどは真に受け、フランクリンの宗教性を想定している（一三六—一四五）。

一四、「カルヴィニズムの神」の歴史的特性

羽入書第四章は、『「資本主義の精神」をめぐる資料操作──大塚久雄の〝誤読〟』と題されている。羽入によれば、「一文書資料」には削除された部分があり、そこには「カルヴィニズムの予定説の神」への言及がある。さらに、羽入の推測によれば、著者ヴェーバーは、「この箇所をそのまま引用したのでは petitio principii になるのでまずい」と判断し、削除して読者に隠したうえ、改訂稿では引用に先立ち、隠蔽工作を施した改訂版「一文書資料」が「宗教的なものとの直接の関係をまったく持たず、したがって──われわれのテーマにとっては──『無前提である voraussetzungslos［予断が入らない］』という長所をそなえている」[★55]と加筆し、petitio principii 隠蔽に上塗りを施し、二重に詐術を弄したという。羽入はここでは、「予定説の神」への言及を真に受けないと、petitio principii が成立せず、著者の「二重の隠蔽工作」にかんする推論も宙に浮くので、ここでは真に受けたのであろう。

とまれこの話、四つの疑似問題のうちでは、一見一番よくできている。羽入が、「ヴェーバーは過失でなく故意に詐術を弄した」との結論直前にこの話をもってきたのも、なかなか妙をえている。四つの章の配列も、じつはこうした論告求刑としての合目的性を規準として決められていたのであ

ろう。

しかしまず、「削除隠蔽部分」に登場し、羽入が真に受けた、この「正直な努力によって祝福を求める者の願いを聞きたまう神」（二三六）とは、はたして「カルヴィニズムの予定説の神」（二三七）であろうか。

『ウェストミンスター信仰告白』一六章五節には、「わたしたちは、自分の最良のよきわざをもってしても、神のみ手から罪のゆるしまたは永遠の命を功績として得ることはできない。その理由は、そのよきわざと来たるべき栄光の間に大きな不釣合があり、またわたしたちと神との間には無限の距離があって、云々[★56]」とある。「カルヴィニズムの予定説の神」とは、被造物としての人間から「無限の距離」によって隔てられた神、神義論問題の首尾一貫した解決のひとつとして、「祝福を求める者の願いを聞き入れる」（すなわちソフトな「神強制Gotteszwang[★57]」に服する）「慈悲の神」表象を清算し尽くした、「祝福を求める者の願いを聞きたまわない神」である。ここに、「カルヴィニズムの予定説の神」の歴史的特性があり[★58]、まさにこの特性ゆえに、「神強制」としての「呪術」からの解放／「脱呪術化Entzauberung」が「完結」するし、「最良のよきわざ」も救いの「現実根拠」でなく「認識根拠」にすぎないために、かえって「禁欲」の動因が生まれる[★59]。

これは、「倫理」本論の要をなす中心論点である。羽入が、一方では「フランクリンの神」、他方では「カルヴィニズムの予定説の神」に言及しながら、この二柱の「神」の、外見上は些細に見えるが意味は深甚な差異と、その間の歴史的変遷を、見逃してしまうのは、やはり、「倫理」の全論証構造を捉えていない証左ではあるまいか。

一五、没意味文献学と petitio principii の創成

とまれ、この「隠蔽削除部分」が復元され、既知の「一文書資料」に書き加えられ、その改訂増補版「一文書資料」に、「フランクリンの神」と「貨幣増殖への倫理的説教」とが並んで出てきて、読者に示されたとしよう。羽入が主張するように、petitio principii となるか。いや、ならない。あるいはさらに、かりに「フランクリンの神」がほんとうに「カルヴィニズムの予定説の神」だったとして、それが「貨幣増殖への倫理的説教」に並んだとしたらどうか。やはり、petitio principii にはならない。というのも、問題は、ある文書に「神」に言及する文字と「倫理的説教」の文字群とが並んで出てくるという(羽入十八番の)外形的／没意味文献学的な事実ではなく、両項の意味／(因果)連関にある。これは、その箇所ではまだ説明されず、まさにこれから説明されるべき問題として措定されるだけである。むしろ羽入が、無概念的感得と没意味文献学の平面から離れず、なにもかもその平面に引きおろして問題にするため、外形的併存がなにか没意味文献学的「連関説明」に、これをその段階で読者に示すことが petitio principii であるかに思われ、まさにここで疑似問題が創成されるのである。あるいは、羽入はすでに「倫理」を読んでいて、「カルヴィニズ

ムの予定説の神」「フランクリンの神」「貨幣増殖にかんする倫理的説教」の意味／(因果) 連関にかんする著者の説明を不正確にであれ知っているから、改訂増補版「一文書資料」に両項が出てくるのを見て、ただちにその知識を文書に投影し、没意味文献学的「連関説明」に押しかぶせ、重ねて読み、「すでに説明がある、結論が出ている、petitio principii になる」と速断してしまったのであろう。

しかし、羽入ならぬ著者ヴェーバーは、初心の読者を想定し、(そこでは外形的併存が提示されるだけの) 両項の意味／(因果) 連関を「これから問題とし、一歩一歩解明し、説明していこう」というだけのことである。じじつ petitio principii ではないから、そう捉えるいわれもなく、読者に隠す必要もない。だいいち、隠したところで、ちょっと諸文書や『自伝』をひもとけば、だれにもすぐ分かることではないか。方法論の子供部屋における「神隠しごっこ」でもあるまい。ところが羽入は、大塚久雄は「見てしまった」、しかし大塚は弱気で、それ以上問題にできなかった、されば強気の羽入におよばず、ヴェーバーを「詐欺師」と断ずる「世界的な」大発見のチャンスを「永遠に逃して」しまった、じつに気の毒で、それほどまでに大塚の「人生を誤らせた」ヴェーバーが憎い、という。大塚も、草葉の陰から身を起こし、大創作劇「プロクルーステース英雄譚」で (トレルチとともに) 主人公の引き立て役に抜擢されているのを見ては、苦笑を禁じえまい。羽入書の読者が、ことほどさように喜劇性を漂わせている自作自演劇を見て、抱腹絶倒せず、真に受ける[★60]とすれば、これはいささか深刻である。

一六、「フランクリン研究」と暫定的例示手段

では、著者ヴェーバーはなぜ、「神」言及部分を削除したのか。あるいは改訂のさい、削除されたままにしたのか。なるほど、ヴェーバーとしても、将来このように「痛くもない腹を探られ」かねないと予想したら、削除とその理由を注記するくらい簡単なことだったろうし、じっさいこうなってみると、そうしておいたほうがよかったかもしれない。しかしかれは、よもやこんなことになろうとは、つゆ予想しなかったにちがいない。また、著者ヴェーバー以外にも、これほど奇想天外な疑似問題が子供部屋から持ち込まれ、それを真に受ける「学者」も現れようとは、だれひとり思いおよばなかったろう。

理由は、しごく簡単である。「倫理」第一章第二節冒頭における当の「一文書資料」の取扱いが、固有の意味における「フランクリン研究」ではないからである。かりに「フランクリン研究」であれば、「倫理的説教」部分で第一理念型を構成したとして、「神」言及部分についても（必要とあれば）第二理念型を、さらに他の側面については第三理念型を、……という具合に、フランクリンという一人物にかかわる（経験的所与として無限に多様で矛盾に富む）衝動／感情／思想の混沌から、フランクリンの「固有価値」にかかわる諸側面にそれぞれ対応する個別理念型を順次構成していき、

それらを総合して（「理念型複合」としての）「歴史的個性体 historisches Individuum」を組み立て、よってもってフランクリン「総体」に迫ろうとするであろう。しかし著者ヴェーバーは、「倫理」第一章第二節では、そうした「フランクリン研究」を企ててはいないし、したがって当然、そう僭称してもいない。むしろ、冒頭の方法論的覚書に明記しているとおり、もっぱら節題に掲げた「精神」を、やがては「歴史的個性体」（理念型複合）を構成して総合的に捉えるとしても、いきなりでは無理だから、さしあたりその第一要素（エートス性）を「鋭い一義的（第一）理念型」によって把握する手順の、そのまた第一歩（当初の一「暫定的例示」／一「認識手段」）として、そのかぎりで「一文書資料」を合目的的に選択し、（同じく前述）功利主義への転移傾向を取り出したまでなのである。

したがって、諸文書や『自伝』に「神」への言及がふんだんにあることは百も承知で、（一）当初の「貨幣増殖への倫理的説教」を例示するという目的にかけては、「神」言及は余計で、合目的的ではないから、当初の叙述からはとりあえず除外しておく。ただし、ここで捨象して金輪際顧みないというのではなく、研究ないしは叙述のしかるべき後続段階で、背景としての宗教性の領域に溯行して神観問題を正面から取り上げる局面では、同じく合目的的に、たとえばルターの神、カルヴァンの神、カルヴィニズムの神と比較して、その歴史的特性を確定する。こうした見通しとプランのもとに、当面は留保する。

（二）当の例示により、読者に、問題の「精神」が、（前述）「資本蓄積へのエートス的駆動因」という歴史的特性に即して、「直観的／具象的 anschaulich」に首尾よく把握されたと見るや、フランクリンのところで道草は食わず、合目的的にいちはやく研究をつぎの段階（当の「精神」を「伝統主義」と比較して、その歴史的文化意義を確定する、など）に進める。

（三）そうしておいて、宗教性の領域に溯行して神観問題にさしかかったところでは、合目的的に右記（一）局面の留保を解き、フランクリン神観も（留保の棚から下ろして）分析の俎上に乗せ、「カルヴィニズムの予定説の神」との差異も解明する（直接言及しなくても、読者が意味連関をたどれば分かるようにする）。早い話、著者ヴェーバーが、羽入のようにフランクリンとルターのところで躓かず、本論のこの（三）局面にまで研究を進め、論述を仕上げて公刊しておいてくれたからこそ、羽入もそれをひもとき、不正確ながら読解の成果を動員し、やれ「カルヴィニズムの予定説の神」と「同じ」だ、やれ「petitio principii」だと、ともかくも論じることができたのであろう。

この局面で、「神」は、「意味変遷の理念型スケール」の上に位置づけられる。そうしておけば、研究目的次第では、このスケールを翻ってフランクリン一個人または当の「一文書資料」にこんどは適用し、二項目間の意味／（因果）連関を解明／説明／叙述することができる。そのように、いったん始源にまで遡り、歴史を迂回してくることなしに、ただ「一文書資料」あるいはフランクリン一個人を、（固有の意味における「フランクリン研究」に埋没した）「専門的記述歴史家の顕微鏡」、ましてや羽入の「プロクルーステースの顕微鏡」で、いくら覗いていても、二項目間の意味／（因果）連関は見えない。

（四）他方、かりにフランクリンの「一文書資料」が例示手段として適切／合目的的でないと、事柄に即して判断されれば、そのときには、フランクリン資料には固執せず、別のところに、他の適切／合目的的な例示手段を探し、なるべく早く見つけ出すまでである。「倫理」の当該箇所では、事柄に即して適切な例示が首尾よくなされた（と判断された）から、それゆえにそうした探索が必要とはされなかっただけのことである。

むしろ羽入のほうが、（a）フランクリン文献に論及すれば必ず、固有の意味における「フランクリン研究」、（b）「理念型」といえば（「理念型複合」としての）「歴史的個性体」だけ、（c）ある「事実」を取り上げる論理的可能性[★61]は、「固有価値」に着目し、「価値分析」の対象として取り上げる可能性ひとつに尽きる、と頭から決めてかかっている。しかも、フランクリン文献の関連箇所を「プロクルーステースの顕微鏡」にかけるだけで、研究の諸局面全体を見通し、そのなかで当の一例示の意義と限界を見定めようとしない。「木を見て森を見ない」から、そうできるわけもない。したがって、羽入のいう「犯行現場」で著者ヴェーバーがなにを考え、なにを論じているのか、叙述の方法上限定された性格が皆目分からない。そのように方法理解を欠く無概念的感得の水準で、フランクリン資料に固執するから、ヴェーバーの方法自覚的な操作も、そういう羽入の眼には、逆に「理念型への固執」（第三章副題）としか映らないはずである。

それでいて羽入は、「無知の知」から一念発起して方法論を勉強し、「倫理」テクストも繰り返し読み、自分の狭隘な殻を割って出ようとはしない。逆に、なにもかも自分の無概念／無方法の水準に引きおろしてきて、自分に分からない不快なことは「魔術」「詐術」と決めつけて顔をそむけ、価値ありとされてきたものも気に入らなければ没意味文献学で引き倒し、見境のない破壊作業に没頭している。しかも、たったそれだけのことで、研究史上なにか「画期的」なことをなしとげ、「最高の段階にまで登り詰めた」かのように、自己満足／自己陶酔に耽っている。つまり「意味変遷（精神史）の理念型スケール」のうえで「末人」の段階にきている。そこに安住することで、方法自覚的な歴史・社会科学的研究に踏み出す道を、みずから遮ってしまっているのである。

一七、「一文書資料」引用の前提

最後に、改訂時における「一文書資料」引用のまえおき加筆の趣旨は、こうであろう。元来、ある資料を「前提なしに」取り上げるということはありえず、たとえ当人が「専門以前」か「専門に埋没する」かして、自分の前提に無自覚でいるとしても、ある資料を取り上げるからには、それがなんらかの意味で「知るに値する」という価値関係性を前提としている。このばあいについていえば、当の「一文書資料」は、「宗教的なものとの直接の関係はまったく持たず」、ということはとりもなおさず「間接の関係は持ち」、さしあたり見えていない――「神」言及部分を復元したとしても、「説明」されてはいない――その間接の関係を「解明」し、「説明」することが、ここからの研究として予定されている。しかし、「一文書資料」の当の数節にかぎっては、「直接の関係」は読み取れない——「神」言及部分を補完したとしても、「神」と「倫理的説教」との意味／（因果）連関は読み取れない——から、そのあと一歩一歩「解明」され、「説明」されるべき関係を、先取りして含んではいないないという点で、確かに「予断が入らず」、「われわれの主題にとって」は、叙述の出発点として「長所をそなえている」と。

しごくもっともなうえ、なかなか親切な導入句ではないか。こんなところで躓いていては、「倫理」とそれ以降の諸労作の豊かな内容から、なにひとつ学べなくなろう。羽入自身のためにも、ひょっとすると羽入書に災いされ、「倫理」を初めとする著者の諸労作との取組みを放棄してしまう若い読者のためにも、それでは残念と思うのは、筆者が著者ヴェーバーの「魔術」にかかり、「詐術」に騙されているからであろうか。

結論

以上、羽入のヴェーバー詐欺師説を検証に付したが、形式／内容とも、学問的に真とは認められなかった。むしろ、つぎの関係が見えてきた。

すなわち、著者ヴェーバー自身は、羽入が「犯行現場」と決めてかかった四箇所で、一方では、キリスト教聖典の語句／コンテクストを、宗派と思想／思想変化に結びつけ、歴史的変遷を考えながら取り扱っている。他方では、ひとつの文献資料を方法自覚的に取り上げ、妥当な内容をそなえた鋭い一義的理念型を構成している。筆者が見ても、おそらくは読者にとっても、とくに問題ではなかろう。むしろ、（ルターやフランクリンといった）歴史上の個人が思いを凝らして文献に表記していた言葉の意味を解明し、そうすることをとおして（たとえば宗教改革の「職業観」や「近代資本主義の精神」というような）歴史的な理念／思想／エートスの特質を理解し説明しようとするとき――わたしたち自身がそれに類する歴史・社会科学を構想するとき――、改めて学ぶ点の多い、細部にわたっても精彩に富む、明晰な叙述がなされていたと思う。

ところが、羽入は、「倫理」を無理やり自分の無概念的感得の水準に引きおろし、没意味文献学を「拷問」具（「プロクルーステースの顕微鏡」）に用い、なんとか「問題」に仕立てようとする。その無理から、疑似問題の創成が避けられない。以後、四つの疑似問題をめぐる「ひとり相撲」が、無理と矛盾をさらし、罵詈雑言と自己陶酔を吐露しながら、延々と繰り広げられる。もとより、いずれも詐欺師説の論証にはいたらず、徒労に終わっている。

ふたたび裁判の比喩を借りれば、羽入による「死人に口なし」の告発にたいして、筆者がいわば「特別弁護人」（職業上の弁護士ではない弁護人）の役割を買って出、「被告人」ヴェーバーへの「濡れ衣」を晴らしたことになるが、同時に、「弁護のための弁護」には終わらないように、羽入の論難に対応するヴェーバー歴史・社会科学の「言葉・意味・思想・エートス論」を、それだけ細部にわたり、一次資料にも当たって、批判的に検証したつもりである。

なるほど、疑似問題をめぐる羽入の没意味文献学的調査／発見事項のなかには、「歴史的妥当性」の地平に移し換えれば、一定の意味を帯びて甦る事実もある。先行書評のなかには、そのように評価規準を換え、一定の評価を与えようと苦心した作も見られる。しかし羽入自身は、羽入書が「歴史的妥当性」の地平で取り上げられてはならないと「前もって警告」し、「知的誠実性」問題しか羽入の関心を惹かない、と宣言している（九―一〇）。とすると、先行書評者の好意的評価も、羽入にはかえって不本意であろうし、事柄に即しても確かに本末転倒であろう。

それでは、いたしかたない。「木を見て森を見ず」、その木も、些少な四葉を取って叩いただけでは、見えず、倒れず、もとより森は動かない。学問は、偶像崇拝と偶像破壊との同位対立をこえたところにある。

注

第一章

★1　Weber, Marianne, Max Weber: ein Lebensbild, 1926, 2. Aufl., 1950, Heidelberg（以下 Lb）: 279, 大久保和郎訳『マックス・ウェーバー』I、一九六三年、みすず書房（以下I）、二〇八頁。以下、同様に、傍点は（引用文中を含め）すべて筆者の強調、ゴチック体は引用文の著者の強調、引用原文の強調はすべてイタリック体とする。

★2　この強調は引用者。当面はどの範囲におよぶか、定かでないとしても、周囲を見渡せるかぎり「すべての人々」という意味であろう。

★3　この強調は原文。「仕事の重荷から逃れたい」という「自然な」欲求ではなく、逆に、「仕事の重荷のもとにうちひしがれたような気持ちでいたい」という特異な（いうなれば「倒錯した」）欲求であることに注意。

★4　Lb: 271, I: 189. そのほかに、Lb: 428, 496-7, 507, 大久保和郎訳『マックス・ヴェーバー』II、一九六五年、みすず書房（以下II）、二九五、三四三―四、三五一頁、参照。

★5　ここで「新たな『精神の苦しい作業』」というのは、「ヴェーバーにとっても、いったん相対化され、もろもろの生活諸価値のひとつとして捉え返された、今後の学問研究」という意味である。

★6　ゲーテは、生活体験と作品との関係について、つぎのように語っている。「ここ（『ヴェルテル』）では、世にも平穏な境遇に住みあわせて、本来活動が不足し、しかも自分自身にたいして過大な要求をもつために、人生が厭わしくなった人々のことを問題とする。そういう羽目にわたし自身が落ち込んだのであるし、また、そのさいどのような苦痛を受けたか、その苦痛から逃れるためにはどんな努力を必要としたか、ということは、自分が一番よく知っている。」(Goethe, Wolfgang von, Dichtung und Wahrheit, 3. Teil, d-t-v-Gesamtausgabe, Bd. 24, 2. Aufl., 1968, München：129, 小牧健夫訳『詩と真実』第三部、一九四二年、岩波書店、一九一頁)「わたしは、夢遊病者のように、ほとんど無意識にこの作品を書き上げたのだったから、多少手を入れるつもりで読み直してみたとき、自分でこの作品に驚きを感じた。……わたしは、宗教上の総懺悔をしたのちのように、快活と自由の感じを取り戻し、新生活に入る資格が与えられた気持ちだった。古い家伝薬が、こんどは立派に役に立ったのであった。現実を詩に変えたことで、わたしは重荷を下ろしたように、晴れやかに感じられたが、わたしの友人たちは、詩を現実に変え、こうした小説を模倣し、また所詮はピストル自殺もしなければならぬように考えて、この作品のために取り乱したのであった。」(Ibid.：132-33, 小牧訳、一九六―七頁)

　また、晩年のエッカーマンとの対話によれば、つぎのとおりである。「話題は一転して『ヴェルテル』に移った。『あれもやはり』とゲーテはいった、『わたしがペリカンのように、わたし自身の心臓の血であれを育てた。あのなかには、わたし自身の胸のうちからほとばしり出たものがたくさんつまっているし、感情や思想がいっぱい入っている。だからたぶん、それだけでも、あんな小さな小説の十冊分ほどの長編小説にすることもできるだろうな。それはともかく、すでにたびたびいったように、あの本は出版以来たった一回しか読み返していないよ。そしてもう二度と読んだりしないように用心している。あれは、まったく業火そのものだ！　近づくのが気味悪いね。わたしは、あれを産み出した病的な状態を追体験するのが恐ろしいのさ。』」(Eckermann, Johann Peter, Gespräche mit Goethe in den letzten Jahren seines Lebens, hrsg. von H. H. Houben, 1959, Wiesbaden：412, 山下肇訳『ゲーテとの対話』下、一九六九年、岩波書店、四三頁)

　ヴェーバーがゲーテに倣った、とまで断定するつもりはないが、ギムナジウム時代にゲーテ全集を（教室での「内職」として）全巻読了したと伝えられているヴェーバーは、おそらくこうした箇所も読んで、知ってはいたであろう。

　なお、ここで念のために断っておけば、「人と作品」の関係は、当然のことながら、文学と科学とでは異なっている。「倫理」を、もっぱら実存的苦悩の表出形態として、神経疾患の治癒契機として、捉えようというのではない。実存的苦悩の意味も、科学では文学とは異なった手続きにしたがって解釈され、異なった形で表現されざるをえない。

ヴェーバーの歴史・社会科学のばあい、脱職業人化にともなう苦悩の体験が、テーマ設定／着想と仮説の源泉となり、そうして孕まれた仮説が、科学の方法に即して練り上げられ、検証される。ただし、「科学の方法」といっても、かれのばあい、なにか既成の方法をそっくりそのまま借りてくるのではない。もとより科学一般の制約には服しながらも、かれの実存的問題を解き明かせるような、病前の経済学者には知られていなかった「人生の純粋に人間的な面」を十全に、しかも概念によって汲み出せるような、独自の歴史・社会科学の方法を、かれみずから編み出していかざるをえない。そしてその方法を、たとえば「倫理」のような経験的モノグラフ（特定の具体的テーマにかんする経験科学的専攻研究）に応用し、他方翻っては、そうした研究実践の方法上の成果や含意を「ロッシャーとクニース」以降の方法論文にそのつど定式化していく。「経験的モノグラフと方法論との相互媒介」のうちに、両者の統合を求めて、思索と研究を進め、深化させている。まさにそうした、かれに固有の事情があるからこそ、わたしたちがわたしたち自身の実存的問題と取り組み、歴史・社会科学のテーマとして解き明かそうとするとき、そのよすがともなるスタンスと方法を、わけてもかれヴェーバーから学ぶことができるのである。かれの歴史・社会科学は、いうなれば、かれの実存的苦悩によって贖われた、わたしたちへのこよなき贈り物である。

★7　社会学的視点からは「近代的アノミーの苦悩」と読める。デュルケームはそう見ている。Cf. Le suicide, étude de sociologie, 1897, 9e éd., 1997, Paris: 322.

★8　ヴェーバーの生活史にかんする、なんといっても最重要な証言であり、記録でもあるマリアンネ・ヴェーバーの伝記は、この著作をつぎのように捉えている。すなわち、「ヴェーバーが深刻な神経の崩壊のあと、能動的な生命力の発露となる活動を悲劇的にも諦めなければならなかったとき、かれの星にふたたび光を発せしめた第一作」であり、「かれの人格の最奥の根基にかかわり、特定しようもなくその刻印を帯びている」(Lb: 382, I: 265) と。なおそのほかに、Lb: 639, II: 443 参照。

★9　いまひとつは、「マイヤーの歴史方法論に寄せて」と題され、やや遅れて『アルヒーフ』二二巻（一九〇六年）に、「文化科学の論理学の領域における批判的研究」と改題して掲載される。実存的危機から生まれた学問の新構想を、経験的モノグラフと方法論との相互媒介をとおして展開し、発表していこうとするスタンスが象徴的に示されているといえよう。

★10　理念の発生と普及とを区別し、普及過程を理論的に説明しようとするこの観点は、ヴェーバーが、一方ではカール・メンガーの「精密理論的 exact-theoretisch」「原子論的 atomistisch」説明方針と、他方では「マルクスおよびロッシャー以降の社会経済科学」（Gesammelte Aufsätze zur Wissenschaftslehre, 1922, 7. Aufl., 1988, Tübingen［以下 WL］: 163, 富永祐治／立野保男訳『社会科学と社会政策にかかわる認識の「客観性」』、一九九八年、岩波書店［以下富永／立野訳］、五九頁）にそなわっていた「総体志向」「総体論的」説明方針とを、相互媒介の関係に置き、両者をともに止揚する形で獲得したものである。この点は、「倫理」の思想的／理論的背景として重要なので、ここで多少敷衍しておこう。

　メンガーは、社会制度ないし社会形象が、諸個人の合意と目的意識的な立法によって「実用主義的 pragmatisch」に設立されるばかりか、歴史の経過のなかで「無反省的 unreflektirt」に成立する事実にも注目した。そして、ドイツ歴史学派と同様、そうした社会形象を「有機体」と呼ぶことも容認したうえで、さらに一歩を進め、かれの「精密理論的」方針によって「原子論的」に説明できると主張したのである。たとえば貨幣制度の発生は、（互いの需求にうまく合致する交換相手を見いだすことは至難という）直接交換の難点を、だれかある個人が、いったん第三の（自分の需求を直接充足しはしないが、「販売力」「流通力」はある）財貨と交換し、そのうえでこの財貨の特定量を自分が元来希求していた財貨と交換するという仕方で克服し、「突破口」を開き、この新機軸が、（同じく直接交換の難点に直面して困ってはいたが、どうすれば打開できるか分からなかった）周辺の諸個人に模倣され、こんどはその有効性が着目され「目的合理的」に採用されるという形で普及し、やがて慣習にもなる、というふうに――基本的には、ガブリエル・タルドの「発明―模倣」図式に則るやり方で――説明できる。メンガーはさらに、貨幣制度だけでなく、集落、市場、言語、国家、法など、数多の社会制度も、その始源と変遷を、このように個人的な諸努力の「無反省的産物」、当初は「意図されなかった合成果 unbeabsichtigte Resultante」として説明できると唱えていた（Menger, Karl, Untersuchungen über die Methode der Socialwissenschaften, der Politischen Ökonomie Insbesondere, 1883, Leipzig: 139-83）。

ヴェーバーは、こうしたメンガーの主張を、ドイツ歴史学派内からも積極的に受け止めた。すなわち、一方では、ロッシャー流の「流出論理」をしりぞけて（従来この面だけが強調されてきたが）、メンガーの「原子論的」説明方針を採用すると同時に、メンガーではこの方針が、もっぱら経済を初めとする「合理的」領域に適用されていたのにたいして、これを歴史学派の「総体志向」との相互媒介関係に置くことで、合理主義的な適用制限から解き放つことができた。すなわち、たとえば宗教という「非合理的」領域における「突破」が、政治や経済といった別の領域に転移、波及し、宗教性それ自体は変容を遂げながらも、当初は意図されず、予想もされなかった「合成果」として、当該別領域の変動をもたらすという（間接の「合成果」にも照射を当てられる）間領域的適用に道を開いたのである。もとより、経済領域に発する「突破」が、宗教領域に転移、波及して、この領域の変動をもたらす、という逆の関係も考えられよう。

この理論視角は、最終的には、「古代ユダヤ教」の一節に定式化されている。古代イスラエルの牧羊者／半遊牧的小家畜飼育者層において、「氏族 Sippe」の域を越える政治的／政治社会的「部族 Stamm」結集態は、草原地帯の自然環境／物質的生活条件に規定されて、著しく不安定であった。すなわち、人口の自然増と牧草地の稀少化にともない、氏族単位の定住に移行する分解／分散傾向を免れなかった。ところが、諸氏族が「兄弟団的な礼拝団体」ないし「宗教的兄弟団」を結成するばあいには、そうした「部族」にかぎって、他のそうでない部族の不安定性とは鮮やかな対照をなし、長期にわたる安定と存続を享受していた（Gesammelte Aufsätze zur Religionssoziologie, Bd. 3, 1921, 8. Aufl., 1988, München［以下 RS3］: 87-8, 188, 内田芳明訳『古代ユダヤ教』上、一九九六年、岩波書店、二〇六―八、四三九頁）。この事実は、草原地帯の物質的生活条件の「土台」ないし「下部構造」が、その「イデオロギー」ないし「上部構造」として、おのずから「宗教的兄弟団」を「産出した」というふうに、「唯物論的」に説明することはできない。そのように説明できるのはむしろ、繰り返し起きる（氏族への）分解／分散のほうである。他方、諸氏族ないし諸氏族のゆるやかな連合が、自分たちの生活条件に由来する分解傾向を冷厳に認識し、これを克服しようとの目的を設定し、その手段として、目的意識的／合理的に「宗教的兄弟団」を設立した、というふうに、「実用主義的」に解釈することもできない。

ヴェーバーが、この二先行方針を考慮に入れ、「唯物史観」批判のほうを表に立てながら説くところは、こうである(RS3：88-9, 内田訳、二〇八―九頁)。すなわち、ひとたび宗教内在的な理由で――だから、政治上／経済上は「偶然」「非合理」に――「宗教的兄弟団」が創始されれば、そうした宗教的／宗教政治的「部族」結集態は、当の社会層の生活諸条件のもとで、淘汰に耐えて生き延びる(他の不安定な政治諸形象に比して)はるかに大きいシャンス(客観的可能性)を取得した。ただし、「宗教的兄弟団」がはたして創始されるかどうかは、「まったく具体的な宗教史的、しかもしばしばきわめて個人的な事情と運命」によってきまった。そのうえで、そうした「宗教的兄弟団」結成が、政治的勢力(拡張)手段／経済的存続手段として有効(客観的に「整合合理的」)であると事後的に証明され、広く認識されると、この認識が翻ってその普及には寄与する。つまり、有効と証明された手段が、競って、こんどは目的意識的(主観的に「目的合理的」)に採用される。だから、事後の普及経過は、(中心から周辺へと移れば移るほど、それだけ)「実用主義」的に解釈できる。レカブの子ヨナタブの告知も、ムハンマドの宣教も、そうした帰結をともなった。しかし、当の告知や宣教自体は、あくまでも「個人的な体験や意図の表白」であり、しかもその意図たるや、政治的／経済的勢力手段を目的とし、その手段として「宗教的兄弟団」の結成を企てるといった「主観的に目的合理的」な性格を帯びてはいなかった。むしろその意味では「目的非合理的」な、宗教的自己目的としての「兄弟団」結成が、政治的「部族」結集態としての勢力獲得や経済的存続にはからずも最適の(客観的に「整合合理的」な)生活形式(「生き方」「ライフ・スタイル」)を創り出し、この「意図されなかった」「無反省的」効果が認識されると、当の生活形式自体が、当初の「意図」から離れて、こんどは別の意図から「目的合理的」に模倣され、採用され、普及していく。ところが、当初の宗教的意図のほうは、この普及ゆえにかえって、「別の意図」にのみこまれ、薄れ、掻き消されてしまう。この説明方針は、「古代ユダヤ教」にこのように明晰に定式化される以前にも、たとえば「倫理」に適用され、叙述の伏流としてところどころに顔を出している。このことは、読む目を持つ読者には、容易に看取されよう。

さて、戦後日本のヴェーバー研究は、「古代ユダヤ教」の右の一節を熟知してはいた。しかし、「マルクスとヴェーバー」という問題の多い準拠枠に縛られて、この一節を「唯物史観」批判ないしはその補完として一面的に解釈する嫌いはなかったか。そこに表明されていたのは、じつは右のとおり、一方では確かに「唯物史観」と歴史学派の「総体論的」説明方針、しかし他方ではメンガーの「原子論的」説明方針、この両者の相互媒介によるヴェーバー特有の止揚・総合であり、歴史における理念の作用を、領域間の移動や担い手の交替も視野に収めて動態的に説明しようとする独自の理論視角だったのである。

では、かれはなぜ、「ふたつの経済学」(ドイツ歴史学派とオーストリア限界効用学派)の狭間で、どちらか一方にのみこまれてしまうのでも、両方から「互いに相覆う」共通項を引き出すだけに終わるのでもなく、そうした独自の創造的総合を達成することができたのか。それは、かれが、実存的問題設定者/思考者として、「自分はなにを知りたいのか」をよく知っていたからであろう。自分の周囲の人々を虜にして自分を苦しめる「職業義務観」から出発し、その始源を索めて、ルターの、あるいはカルヴァンの、職業理念にたどり着いたとしても、そこで探究が終わるわけはなく、むしろそこを出発点として、「周囲の人々」また「かつての自分、ひょっとすると現にある自分」にいたるまでの経路をこそ、知ろうとしたのであり、この経路を透視せずにはいられない実存的関心の衝迫が、つねにかれを突き動かしていたからである。媒介/止揚/総合といった知的操作の軸が、しっかり根づいていて、ぶれなかったからである。

しかも他方、そうした媒介/止揚/総合は、実存的思考者に通有のことではない。むしろ実存的思考者は、他を顧みずに、ひたすら自分自身の実存的関心事を追求し、思想を求心的に深めようとする結果、外に向かってはどうしても、ある独特の「狭さ」を身に帯びざるをえない。ところがヴェーバーは、およそ時代の地平に姿を現すほどの思想や理論は、細大漏らさず、飽くことなく摂取し、それら諸要素を相互媒介の関係に置いて相対化し、かれの歴史・社会科学の成分ないし養分に止揚し、かれ流に鋳直しながら位置づけることができた(かれが、たとえばマルクス/エンゲルスのイデオロギー論、ニーチェのルサンチマン論、フロイトの精神分析を、それぞれどのように相対化しながら、かれ自身の「理解社会学」の方法に止揚し、鍛え上げていったか、という一例について、拙著『ヴェーバー「経済と社会」の再構成――トルソの頭』、一九九六年、東京大学出版会、二一〇―四頁、参照)。

この点にかけて、ヴェーバーは、同じく実存的思考者でも、(かれもよく知っていた)ゼーレン・キルケゴールとは、著しい対照をなしている(後段の第二章第一三節では、フランクリン文献の意味解釈をめぐって、この対照性の一端を具体的に示そう）。そして筆者は、まさにこの点に、すなわち、実存的思考者でありながら、通有の「狭さ」には陥らず、かえって極限まで思想の地平を拡大し、古今東西の文化を展望する独自の歴史・社会科学を構築し、普遍史的・世界史的パースペクティーフを開示し、なおかつそのなかに、やはりおのれとおのれの属する文化の実存的境位を位置づけつつ捉え返していった、というところに、ヴェーバー的実存とその営為の、いまだに汲み尽くされない固有価値があると確信している。

これは、筆者が「マルクスとヴェーバー」「ニーチェとヴェーバー」といった図式を原則的にしりぞける理由でもある。つまり筆者の観点からは、マルクスであれニーチェであれ（かれらに固有価値を認めて究明する研究には、それぞれ別の意義があり、それはそれとして尊重されるべきであるが）、「ヴェーバー研究」と称するかぎりは、まずはヴェーバー自身の実存的思考のなかで、相互媒介のせめぎ合い関係のなかにある要素として、その関係のなかに置いて、吟味検討されるべきである。ところが、図式を好む向きは、マルクスやニーチェを、そうしたせめぎ合いの場から抜き出してヴェーバー本人と並べ、むしろ「互いに相覆う」共通項を前景に取り出し、ヴェーバー自身における肝要な「相互媒介」のドラマを（隠蔽するつもりはなくとも、やはり）後景に追いやってしまう。ヴェーバー的思考の動的諸要素を、その動態的連関から引き抜き、「マルクス箱」「ニーチェ引き出し」に収めて整理しようとするのである。しかも、そうしたスコラ的図式を掲げることで、みずからをマルクスとヴェーバー、ニーチェとヴェーバー、双方の総合者――両者をヴェーバー自身と同じように相互媒介によって止揚すべき者――の位置に押し上げていながら、その自覚は欠き、この無自覚な思い上がりが、内面から、ヴェーバーへの（おそらくは同様にマルクスへの、ニーチェへの）さらなる内在を妨げている。それでいてかれらは、みずから「ヴェーバー研究者である」と漠然と感得し、そのように振る舞っている。ところが、厳格な自己規定を求める批判を受けると、「自分はヴェーバー利用者にすぎない」といって逃げてしまう。こういう価値パースペクティーフの混濁／自己認識の曖昧さ／逃げ腰のスタンスが、筆者には問題と思えるが、どうであろうか。

★11 Gesammelte Aufsätze zur Religionssoziologie, Bd. 1, 1920, 4. Auf., 1947, Tübingen（以下RS1）：205, 大塚久雄訳『プロテスタンティズムの倫理と資本主義の精神』、一九八九年、岩波書店（文庫版、以下大塚訳）、三七一

頁、梶山力訳・安藤英治編『プロテスタンティズムの倫理と資本主義の《精神》』、一九九四年、第二刷、一九九八年、未來社（以下梶山訳または梶山訳／安藤編）、三六一頁。

★12 「基軸時代 Achsenzeit」とは、ヴェーバーの比較文化史をある意味で引き継いだヤスパースの基本概念で、「人類の教師たち」が出現し、宗教が倫理化され、生活が精神化される、紀元前五〇〇年前後の六〇〇年間をさす。Cf. Jaspers, Karl, Vom Ursprung und Ziel der Geschichte, 1949, München : 19-105.

★13 「倫理」にたいする「世界宗教」および『経済と社会』草稿の関係については、拙稿「ヴェーバー巨視的比較宗教社会学の成立史と全体像構築に寄せて」、『マックス・ヴェーバー基礎研究序説』、一九八八年、未來社（以下『序説』）、二一一―三〇〇頁参照。

★14 RS1 : 205, 大塚訳、三六八頁、梶山訳、三五九頁。

★15 後注26参照。

★16 RS1 : 204, 大塚訳、三六六頁、梶山訳、三五七頁。引用文中の［ ］は引用者。以下同様。

★17 『ヴェーバー歴史社会学の出立』、一九九二年、未來社、五三四頁。

★18 「マックス・ヴェーバーにおける辺境革命の問題」、『社会学評論』第六二号、一九六五年、『危機における人間と学問』、一九六九年、未來社、二九二―四頁。

★19 この四項目中の（二）思想的／理論的背景については、本書ではこの第一章の注10、第二章の注46にまとめて、その一部分に論及している。

★20 後に、ラハファールとの論争（一九一〇年）をへて明らかにされ、確認されることであるが、「倫理」ではまだ、「因果連関」の「妥当な」「説明」は（少なくとも方法自覚的には）達成されていない。これに向けて、「明証性」はそなえた因果仮説が、（「意味連関」の明証性にかんする「解明・理解された」証拠を添えて）提出されているだけである。意味連関と因果連関、解明（理解）と説明、明証性と妥当性、といった対句・対概念に注意されたい。こういう事情があるから、方法論上も「倫理」を孤立させずに、後の展開のなかで捉え返す必要があるわけである（『序説』、二一三―四、二二〇―一、二六二―八頁）。

★21　RS1: 86, 大塚訳、一四一頁、梶山訳、一七一頁。
★22　『理想』三七五、一九六四年八月、五六―九頁。
★23　前注10参照。
★24　RS1: 86-7, 大塚訳、一四一頁、梶山訳、一七一頁。
★25　RS1: 86-7, 大塚訳、一四二―三頁、梶山訳、一七二―三頁。改行は引用者。この一節は、「倫理」本論の冒頭で、禁欲的プロテスタンティズムの諸教理を取り扱う仕方について述べた注記であるが、このスタンスは当然、「問題提起」章におけるルター教理の取扱いにも適用されよう。
★26　RS1: 12-4, 大塚久雄／生松敬三訳『宗教社会学論選』、一九七二年、みすず書房（以下、大塚／生松訳）、二四―六頁。改行は引用者。ちなみに、この引用文中、傍点を振った箇所からは、「世界宗教」のあとに「西洋における発展の叙述」が予定されていたことが分かる。ヴェーバーは、「世界宗教」で「兵站線を延びきるまで延ばした」（雀部幸隆の的確な比喩）うえ、全兵力をふたたび主戦場のヨーロッパに戻し、集結させようとし、その態勢をととのえるために、過去の準備的労作を改訂のうえ、（論文を書籍に仕立てることには無頓着な習癖に反して）みずから『宗教社会学論集』と『経済と社会』に収録・編集し、公表しておこうとしたのであろう。
★27　WL: 214,「客観性」、一六〇―一頁。
★28　「自由に飛び交う、浮動する frei-schweben」という言葉の出所は、ヴェーバーではなく、カール・マンハイムである。マンハイム自身は、当の出所をアルフレート・ヴェーバーに帰しているが、後者がこの語句をどこでどう用いたのか、筆者にはいまもって不明である。
★29　ヴェーバーは、ただたんに「乗り越えられる」のではなく、むしろ「乗り越えられることを目的とする」、「そうでなければ、われわれは仕事ができない」と言明する。この言表の含意を汲み取れるかどうか、が問題である。
★30　ということは、研究成果が（たとえば実証的調査研究に）応用されないとしても、その意義が皆無に帰するわけではない、言い換えれば、研究目的を応用に置いて応用に従属するわけではない、という意味である。さりとて、もとより応用を拒むわけではなく、応用にたいしては開かれた態度を堅持する。なお、この固有価値の中身については、前注10参照。

★31　拙稿「マックス・ヴェーバーにおける社会学の生成I　一九〇三〜〇七年期の学問構想と方法」、神戸大学社会学研究会編『社会学雑誌』二〇、二〇〇三年、三—四一頁、参照。

★32　ヴォルフガング・シュルフター／折原浩著（鈴木宗徳／山口宏訳）『《経済と社会》再構成論の新展開——ヴェーバー研究の非神話化と《全集》版のゆくえ』、二〇〇〇年、未來社、参照。

★33　Cf. Orihara, Hiroshi, tr. by Yano, Yoshiro, From 'a Torso With a Wrong Head' to 'Five Disjointed Body-Parts without a Head': A Critique of the Editorial Policy for Max Weber Gesamtausgabe I/22, Max Weber Studies, 3-2, Jun. 2003, Sheffield : 133-68.

★34　それは、「巨人の肩に立つ」ということではない。この百年、いったいだれが、何人、ヴェーバーの肩にたどり着いたであろうか。

★35　こういうからには、筆者は当然、ケラー書を読んで、その記述内容を確かめ、ヴェーバーの解釈と大塚の読解・翻訳とを比較し、その間の齟齬を具体的に突き止め、公表している（『序説』、二八七—九〇頁）。

★36　中野敏男『大塚久雄と丸山眞男——動員、主体、戦争責任』、二〇〇一年、青土社、参照。

第二章

★1　本稿は、東京大学経済学会編『季刊経済学論集』六九—一、二〇〇三年、七七—八二頁に発表した書評「四疑似問題でひとり相撲」の趣旨を敷衍し、拡張して、一論稿にまとめたものである。

★2　以下、パーレン内に頁数のみ記すばあいは、羽入書からの引用ないし参照箇所。ちなみに、傍点は、引用文中を含め、すべて筆者の強調。引用文中のゴチック体は、引用文の著者による強調。引用原文の強調はイタリック体に統一する。

★3　公判中の「拷問」とはどういうことか。「検察ファッショ」を思わせ、穏当でない。ファッシズムの芽が萌したら、その専門領域内で、いちはやく摘み取る必要があろう。この点にかんしては本書「あとがき」の状況論も参照されたい。

★4 RS1: 17-206.

★5 引用文内の［ ］は、引用者による補足。

★6 後出第一四節参照。

★7 プロクルーステースとは、ギリシャ神話に出てくる山賊の首領で、アッティカ地方エレウシス近辺に出没し、旅人を捕まえては鉄製の床（「プロクルーステースの床」）に寝かせ、手足が長いと切り落とし、短いと引きのばしたという。後出第八節も参照。

★8 『七〇人訳』を主な典拠とした邦訳には、二〇節「自分の天職を貫き、これにいそしみ、労働しつつ老年を迎えよ」、二一節「罪人の仕事を見て訝るな。主を信頼して自己の職務に徹せよ。貧者を速やかに、急に富ませることは主にとっては易しいことである」とある（『聖書外典偽典第二巻 旧約外典II』、一九七七年、教文館、一〇八頁）。二〇節の「天職」「労働」、二一節の「職務」が、『七〇人訳』では diathēkē, ergon, ponos で、ルターはそれぞれ wort, beruff (Beruff), beruff と訳出している。Cf. Dr. Martin Luthers Werke, kritische Gesamtausgabe, Die Deutsche Bibel, Bd. 12, 1961, Weimar（以下、『ヴァイマール版全集』は WA、『ドイツ語訳聖書』は WADB と略記し、それぞれ巻数を添える）: 178-9. なお、ルターの時代には、『ベン・シラ』のヘブライ語原本はまだ発見されず、かれも『七〇人訳』から重訳している。

★9 ヴェーバーのテクストは、「倫理」にかぎらず、一読して即座に分かるというものではない。ヴェーバー研究史においてテクスト読解を高い水準に引き上げた世良晃志郎は、その要諦を、徹底して「対象に就くこと Sachlichkeit」に求め、「論理が通らないときは、……必ず［自分のほうに］誤読ないし誤訳があるものと考えて、もう一度検討し直」す必要がある、と説いている（世良訳『支配の社会学II』、一九六二年、創文社、「訳者あとがき」、六六六頁）。なお後注30参照。

★10 RS1: 68, 大塚訳、一〇七頁、梶山訳、一四四頁。以下、同様に邦訳のページを記すが、訳文は、原文を参照してわずかながら変更するばあいもある。

★11　ここまでは、著者が同一パラグラフへの注で確認している（RS1: 65, 大塚訳、一〇〇頁、梶山訳、一三八頁）。本論（第二章）の本文中にも、関連叙述がある（RS1: 179-80, 大塚訳、三一八頁、梶山訳、三一七頁）。羽入は、双方とも読み落としたか、読んでいてもその意味を考えなかったか。

★12　An den christlichen Adel deutscher Nation von des christlichen Standes Besserung, 1520, WA6, 1888: 452, 松田智雄訳「キリスト教界の改善についてドイツ国民のキリスト教貴族に与う」、松田編『ルター』世界の名著一八、一九六九年、中央公論社、一五三頁。

★13　Von weltlicher Obrigkeit, 1523, WA11, 1900: 258, 吉村善夫訳『現世の主権について他二篇』、一九五四年、岩波書店、四三頁。引用文中にある「職業」の原語は、beruff でなく werck である。聖典翻訳から著作にまで検索の範囲を広げると、一五二〇年の「キリスト者の自由」「ドイツ国民のキリスト教貴族に与う」では、「職務」「職業」と邦訳されている箇所は、ampt か werck で、beruff ではない。一五二三年の「現世の主権について」になると、二箇所に beruff が当てられる（WA11: 258, 276）。聖書翻訳史ないし固有の意味におけるルター研究としては、網羅的検索にもとづく本格的研究が望まれるところであろう。なお後注33参照。

★14　この点については、とくに後注36参照。

★15　この時期にもルターの見地は、たとえば俗権の意義を、外的秩序維持のみでなく、宗教改革への支援についても積極的に認める点など、純然たる終末論的現世無関心とは異なっていた。『コリントI』七章についても、二一節の後半 *ἀλλ' εἰ καὶ δύνασαι ἐλεύθερος γενέσθαι, μᾶλλον χρῆσαι*（「奴隷」「自由人」両説のうち、前者を採る新共同訳では「自由の身になることができるとしても、むしろその［奴隷の］ままでいなさい」、「第三の」荒井献訳では「しかし自由の身になりうるとしても、むしろ［解放奴隷として］、召されたときの身分［奴隷であったときの身分］にふさわしく生活しなさい」）を、ルターは一五二二年、「しかし、もし自由になれるのなら、［その機会を活かして］自由になるがよい doch, kanstu frej werden, βo brauche des viel lieber」（WADB7, 1931: 104）と訳し、翌年の釈義では「主人が承知のうえで進んで解放してくれるのなら、その機会を活かすように」との趣旨と解している

（WA12, 1891 : 129）。荒井献「パウロの『奴隷』発言——Ⅰコリント書七章二一b節の翻訳をめぐって」、『荒井献著作集三』、二〇〇一年、岩波書店、一三七—五六頁、参照。

★16 RS1 : 76, 大塚訳、一二二頁、梶山訳、一五六頁。

★17 五書簡中の該当箇所は、WADB 7 : 90-1, 104-5, 194-5, 200-1, 252-5, 350-1, 316-7.『コリントⅠ』七章二〇節では、一五二二年には、一章二六節、七章二〇節とも ruff。一章二六節では、一五二六年の第二版から beruff。七章二〇節では、一五四六年の最終版まで ruff。著者は、『コリントⅠ』七章二〇節を除くこれらの箇所を、RS1 : 66, 大塚訳、一〇二頁、梶山訳、一三九頁で、beruff の「二種の用法」のうち、第一種として挙示している。なお後注34も参照。

★18 RS1 : 65, 大塚訳、一〇一頁、梶山訳、一三九頁。

★19 RS1 : 68, 大塚訳、一〇七頁、梶山訳、一四三頁。羽入はこの箇所を引用し、ルターが『コリントⅠ』七章二〇節の訳に「ひきずられて」、『ベン・シラ』句も同様に「訳してしまった」（と著者ヴェーバーが解している）かのように述べ（七四、七六、八八）、後者を「双方の勧告が『事柄として似ていた』がためのルターの思い違いから生じた言わば、単なる誤訳、不適訳、あるいは少なくとも余りにも自由な意訳」（七五）と解している。しかしルターが、聖書をそれほど軽率に、思想から切り離して訳せたであろうか。ヴェーバーも、それほど軽率に解せたであろうか。ちなみに、直前の schon を、大塚訳は「**両者がただ内容上類似していることから**」、梶山訳は「単に両者の**実質的類似**のみから」と訳出しており、こうした邦訳が、羽入流の解釈を誘発したのではないかと思われる。しかし、ヴェーバー自身は、主体的契機にかかわる後続の議論を予料し、念頭に置いて、「素材上／対象上の与件として、すでに……。加うるに、主体的契機としては」というコンテクストを想定し、その前項に schon を当てたのであり、この schon は「単に…のみ」「ただ」という意味ではない、と筆者は解する。

★20 RS1 : 68, 大塚訳、一〇七頁、梶山訳、一四四頁。この変化は、一概に「思想の深化」とはいえない。

★21 「聖なるおかたの言葉によってそれ［夜空の星］は所定の位置につき、けっして夜警［という任務］を怠らない」とある。このほか、『ベン・シラ』一四章一六節が指示され、こちらは「口をすべらせたこともなく、罪に悩んで胸を痛めたこともない人は幸いである」とあり、意味連関を摑みにくいが、神意によるそうした幸運に diathēkē を当てたものと解されよう。

★22　WADB12: 178-9.

★23　この箇所は、エジプトに連れてこられたヨセフが、主人ポテファルの妻に誘惑される直前の記事で、「こうして、ある日、ヨセフが仕事をしようと家に入ると、家の者が一人も家の中にいなかったので、彼女はヨセフの着物をつかんで言った」（新共同訳）とある。著者はわざわざ、Beruf と訳しようのない箇所を、類例として挙示したのであろう。

★24　Cf. RS1: 68, 大塚訳、一〇七頁、梶山訳、一四四頁。

★25　WADB10, 2. Hälfte, 1957: 74-5.

★26　ところが羽入には、著者ヴェーバーが『箴言』句の訳例を引き合いに出して『ベン・シラ』句の訳例と比較する方法上の意味が、読み取れないらしい。羽入はむしろ、『ベン・シラ』句と『箴言』句との（コンテクストと翻訳者ルターにとっての）意味上の差異には無頓着に、『箴言』句のほうも画一的に Beruf に収斂しなければ「倫理」の全論証構造が崩壊する、という奇怪な思い込みを前提に、「時間的前後関係」という疑似問題にのめり込み、『箴言』句が最終版まで geschefft のままであったという当然の事実を、著者にとって「致命傷」となるかのように「立証」し、勝ち誇っている（八五―一〇二）。

★27　ヴェーバーには批判的なホルも、ルター以前に遡る語義史研究においてではあるが、やはり『コリントI』七章二〇節を中心に据えている。Cf. Holl, Karl, Die Geschichte des Worts Beruf, 1924, Gesammelte Aufsätze zur Kirchengeschichte III, 1928, Tübingen: 189-219.

★28　RS1: 67, 大塚訳、一〇四―五頁、梶山訳、一四一―二頁。「架橋句」が、七章二〇節のみでなく、そのコンテクストと明記され、引用もそれに対応して、前後にわたっている事実に注意。

★29　RS1: 66-7, 大塚訳、一〇三―四頁、梶山訳、一四〇―一頁。

★30　遺憾ながら、著者ヴェーバーのテクストには、このように一見不整合で理解不能とも思える箇所が、少なからずある。整合的で平明な叙述にくらべ、この種の難所のほうが多いといえるかもしれない。しかし、さればこそ、こうした難所への対応いかんによって道が分かれる。ある者は、自分の当面の理解不能にいらだち、性急に独り合点の解釈や疑似問題を捻出し、これを再検討と自己批判ぬきに著者に押しつけ、著者を糾弾し、あるいはさらに、「そもそも著者は理解可能なことをいってはいぬ、読者を欺く魔術師か詐術者の類だから、分かるというほうがおかしい」と「居直り」、自分の理解能力への「わざ誇り」を救い出そうとする。いまひとりは、このように「論理が通らないときは、……必ず［自分のほうに］誤読ないしは誤訳があるものと考えて、もう一度検討し直」（前注9）し、「対象に就こう」とする。このスタンスは、前者には、著者への偶像崇拝と映るかもしれないが、そうとはかぎらない。この道を行く者は、彼我の力量の差異を見据えたうえで、著者が、一方でおびただしい課題を抱え、桁違いに膨大な素材を考慮に入れながら、明晰に定式化し、迅速に叙述を進めようとするあまり、他方でできるかぎり注釈や参照指示を施してはいても、なおかつ不備／不足が残り、読者との間に一見乗り越えがたい間隙／懸隔が生じてしまうという実情を直視し、この間隙を再読／三読によって埋めようとし、そうすることが研究者の責任と心得ている。同時に、そうすればほとんどのばあい「論理が通る」という経験とその蓄積に、裏づけられ、支えられてもいる。どうしても「論理が通らない」ときに、「論理が通る」説を、そのつど特定の著者説への特定の批判として提示すればよい。

★31　前注17参照。

★32　WA12 : 129 Zeile 25-6.

★33　ヴェーバーには批判的なホルによれば、ルターは »Beruf« を、一五二二年の教会説教で初めて、（旧来の「聖職への招聘 Berufung」に代えて）「身分、職務ないし指令 Stand, Amt oder Befehl」の意味で用いた。しかし、「ひとたび新たな用語法を導入したからには、それ以降もっぱらそれにしたがう」というやり方は、「ルター流 Luthers Art」ではない。「ルターは、新たな用語法と並行して、Beruf をなお（旧来の、聖職への）招聘の意味に用いたり、Beruf の代わりに »Ruf« や »Orden« と言ったりしている」。ホルは、こう述べたうえで、それぞれの用例を（網羅的ではないが、と断って）列挙し、概観している（cf. op. cit. : 217-8）。

★34　もっとも、著者ヴェーバーが一見「そう主張している」ともとれる箇所がないわけではない。前述のとおり、著者は、「倫理」第一章第三節冒頭に付した三番目の注で、ルターにおける »Beruf« の二種の用法を挙示し、『コリントI』七章一七節～二四節（二九、三一節）を、双方の架橋句と見なし、この箇所を「普及版」（複数）からと断って引用したあと、『コリントI』七章二〇節のklēsisについて、これをRufと訳していた一五二三年のルターは、「今日の意味における職業」と解してはいなかったが、ただklēsisの用例中そこだけが「ラテン語のstatus、ドイツ語のStand［身分］」を意味し、ルターもそう解していた、と指摘する。そのうえで著者は、（ルター以前のギリシャ語文献でklēsisが「職業」の意味には使われていない例を示したあと）つぎのように述べている。（まず梶山訳からそのまま引用すると）「然るにルッターは、各自その現在の身分に止まれとの、終末観に基づく勧告に関してklēsisを»Beruf«と翻訳した後、旧約外典を翻訳するに当って、各自その職業（Hantierung）に止まるを可とするとの、イエス・シラクの伝統主義的反貨殖主義に基づく勧告に関しても、単に両者の実質的類似（sachliche Aehnlichkeit）のみから、ponosを»Beruf«と翻訳した」（RS1: 68, 大塚訳、一〇六頁、梶山訳、一四三頁）。

　この訳文では、著者も、ルターが一五二三年以降、まず『コリントI』七章二〇節のklēsisを»Beruf«と訳し（つまり»Ruf«を»Beruf«に改訂し）、そのうえでその»Beruf«を『ベン・シラ』のponosに当てた、と主張しているかのようにも読める。ところが、そうするとなぜ、文字通りそのように端的直截に述べていないのか、なぜ、たとえば「『コリントI』七章二〇節のklēsisにかぎっていえば、ルターは一五二三年にRufを当て、一五二三年から三三年にかけてBerufに改訂し、一五三三年の『ベン・シラ』訳ではponosにBerufを当てた」というように、①関説箇所を特定すると同時に、②時間的継起を追う形で叙述していないのか、という疑問が涌く。原文は、①『コリントI』七章二〇節（ないし七章一七節以下）に特定せず、「各自その現在の身分に止まれとの、終末観によって動機づけられた勧告においてはin der eschatologisch motivierten Mahnung, daß jeder in seinem gegenwärtigen Stande bleiben soll」と、あえて抽象度を高め、外延（準拠枠）を広げた言い方をしているばかりか、②そうした一般的勧告において「klēsisを»Beruf«と翻訳していた」（過去完了形）ルターが、「後になってspäter旧約外典を翻訳したとき」（過去形）には、「ponosを»Beruf«と翻訳している」（現在完了形）と、時制を使い分けている。とすると、ルターが旧約外典の『ベン・シラ』を翻訳した一五三三年以前に「各自その現在の身分に止まれとの、終末観によって動機づけられた勧告においては、klēsisを»Beruf«と翻訳していた」というのは、（なるほど『コリントI』七章二〇節に限定すれば、Ruf と訳していた一五二三年から一五三三年までの一〇年間ということになるが、ここで問題なのは、右記のとおり『コリントI』七章二〇節のみではなく、「終末観によって動機づけられた勧告」一般であるからには）一五二二年のルターが『エフェソ』『テサロニケII』『ヘブル』『ペテロII』で klēsis を確かに beruff と訳していた事実、つまり、この一連の叙述の冒頭で準拠枠の一方の極として提示されていた »Beruf« の「第一種」用法を含むことになろう（ちなみに著者ヴェーバーは、この「第一種」を提示するさい、『エフェソ』ほか以外に、『コリントI』一章二六節も挙示している。ところがルターは、この箇所の klēsis を一五二二年には beruff でなく ruff と訳し、一五二六年の第二版から beruff に改訂している。したがって、著者がこの箇所を無造作に beruff の「第一種」に含めたのは、小さなミスであったといえばいえる。しかし、こうした箇所を短絡的に著者の「杜撰」ときめつけ、針小棒大に非を鳴らし、かえって語形に囚われたおのれの姿をさらすのは、いかがなものか。むしろ、著者は、類語間の——ruff と beruff との——違いには、それらと一方では ampt や werck との、他方では geschefft との、違いのばあいとは異なって、また、それらがタウラーの直接の影響を検出する指標にもなるといった特別の価値関係性を帯びるばあいは別として、つまり外形上の違いそれ自体には、さほどこだわらず、しかも、そうしたこだわりのなさが、ルターにおける同様のこだわりのなさに対応し、この事実を捉えていたからこそではないのか、というふうに、柔軟に考えてみる必要があろう）。

そこで、『コリントI』一章二六節、『エフェソ』ほかが「各自その現在の身分に止まれとの、終末観によって動機づけられた勧告」に該当するかどうか、が問題となる。この点にかけては、まず「身分 Stand」が、直前には『コリントI』七章二〇節にかぎって「身分」という特別の意味に限定して使われている、と述べられていたのに、ここではあえて、そうした『コリントI』七章二〇節への限定を外しているのであるから、当の Stand も「身分」という特別の用法から解き放たれて、一般的な用法に戻り、「状態」というふつうの意味で使われていると解釈するのが妥当であろう（大塚訳は、梶山訳と大同小異ではあるが、ここでは Stand を「身分」から「状態」に改訳している）。他方、パウロ／ペテロ書簡とは、「主の再臨が近い」との終末観にもとづき、遠隔の地にあってさまざまな問題を抱えているキリスト信徒団 *ἐκκλησία* (ekklēsia : klēsis から派生した集会、ゲマインデ）に宛て、「各自が福音の召し klēsis を使徒から受けてキリスト信仰に目覚めたときのこと（召しの状態）を思い出し、その感銘と信仰（という魂の状態／姿勢 status : standing, mode of standing, position, posture, situation, state）を堅持し、兄弟助け合って主の再臨を待ちなさい」との趣旨を、宛て先の信徒団が抱えている問題の性質に応じて具体的に説き明かした釈義／勧告であるといえよう（『コリントI』七章では、当の問題が「現世における外面的地位にどう対処するか」にあった特別の事情から、そこでは klēsis が優れて「身分」の意味を帯びたと解される）。パウロ／ペテロ書簡一般のこうした根本性格は、少なくともキリスト教文化圏の読者にはこと改めて注記するまでもない常識であったろう。とすれば、『エフェソ』ほかのパウロ／ペテロ書簡は、ここでいう「各自その現在の状態に止まれ」との、終末観によって動機づけられた勧告」に該当する。したがって、著者が過去完了形で述べている「klēsis を »Beruf« と翻訳していた」との断定は、ルターが、一五二二年に『エフェソ』ほかのパウロ／ペテロ書簡を独訳したとき、その klēsis に文字通り »Beruf« を当てていた事実を念頭に置き、これらの事実を指して言ったものと解されよう。そのさい著者は、語形上は誤って（一五二二年から一五二六年の第一版までの）『コリントI』一章二六節（の ruff）を含めてしまったが、この小さなミスの埋め合わせには、釈義で『コリントI』七章二〇節そのものの klēsis にも beruff を当てていた（前述の）事実を挙示して補うことができる。また、『コリントI』一章も、内容上は、「召されてキリスト・イエスの使徒となった」（一章一節）パウロが、「召されて聖なるものとされ」（一章二節）、「主イエス・キリストの現れを待ち望んでい」（一章七節）るコリントの信徒に、「あなたがたが召されたときのことを、思い起こしてみなさい」（一章二六節）と呼びかけ、「無学」「無力」（一章二七節）で「世の無にひとしい」「身分の卑しい」（一章二八節）状態にあった者が、さればこそ神に選ばれたのだ、と説き、「その状態／姿勢を堅持し、この世の知恵／能力／栄誉を求めてそれらを誇りとすることがないように」と諭す書簡で、著者ヴェーバーのいう「終末観にもとづく勧告」一般に該当する。そういうわけで、右記引用文自体の趣旨は、Beruf の「第一種」用法も念頭においた判断と解されよう。

　ではつぎに、コンテクストとの整合性はどうか。ここでも視野狭窄／些事拘泥から脱して、この長大な注記内容を全体として視野に収めるならば、この一文までのコンテクストは、つぎのように解釈されよう。すなわち、klēsis の訳語としての »Beruf« につき、二種の用法を対置したうえで、「架橋句」としての『コリントI』七章一七節以下を、読者に馴染まれている「普及版」をあえて使って「直観的／具象的に把握 veranschaulichen」してもらい、当該句が一般的な「召し」の意味を保存すると同時に、そこでだけ広義の社会的「身分」の意味を帯び、狭義の社会的身分としての「職業」にあと一歩で具体化される（その意味で、まさに「架橋句」の位置にある）事実を確認し、提示している。ということは、翻訳主体ルターにとって、『ベン・シラ』句にも ruff なり beruff なりを当てやすい「素材上／対象上の与件」が、客観的にととのっている、ということを意味する。したがって、そこまでのところでは、素材上／対象上の与件としての『コリントⅠ』七章一七節以下それ自体の客観的意味が問題であるから、ルターがその趣旨をどう理解していたかは確認しておかなければならないとしても、訳語自体がどう変遷したか、典拠がそうした変遷を逐一確認できる「原典」か、それとも、そうはできない「普及版」か、といった問題は、いってみれば二の次で、当の「普及版」が一般に信憑性のある版でありさえすればよく、それも複数であればそれだけよく、むしろ読者への「具象的例示」手段としての合目的性のほうが優先され、優先されてしかるべきだったろう（この事情は、「倫理」改訂稿においても変わらない）。他方、くだんの一文のあと、叙述は、では翻訳者ルターが、なぜ、そうした客観的な「素材上／対象上の与件」を活かし、じっさい『ベン・シラ』の ergon と ponos に当の Beruf を当てることができたのか、「あと一歩の具体化」が達成される主体的な条件を問う課題に移行する。この問いを受けて、当の主体的条件を、本文で前述したルターの思想変化（本稿では、一五三〇年「アウグスブルク信仰告白」の介在は、ひとまず度外視している）に求め、これに意味／（因果）帰属する方法的操作が、後続コンテクストの内容をなしている。とすると、件の一文はちょうど、先行コンテクストの全内容を総括し、これを後続コンテクストの意味／（因果）帰属に引き渡す結節点／媒介項の位置を占める。すなわち、著者は、直前まで「架橋句」としての『コリントⅠ』七章一七節以下に考察を集中し、相応に視野を狭めてきたが、そうすることによって『コリントⅠ』七章一七節以下が「架橋句」たりうることを例示／証明しえたいま、もう一度、当初からの全パースペクティーフを回顧し、一望のもとに収め、Beruf の「第一種」の諸用例をも射程に入れ、念頭において、①『コリントⅠ』一章二六節、『エフェソ』ほかの「召された状態に止まれ」（第一種）が、②『コリントⅠ』七章一七節以下の「召された身分に止まれ」（架橋句）をへて、③『ベン・シラ』の「召された職業に止まれ」（第二種）にまで具体化される関係を押さえ、素材上／対象上の客観的与件として集約しているのである。これによって叙述は、つぎの主体的契機にかかわる意味／(因果)帰属に、円滑に架橋される。そういうわけで、くだんの一文は、「第一種」をも視野に収めた総括として右記のように解釈すると、それ自体として趣旨一貫し、「論理が通る」ばかりでなく、先行の素材上／対象上の与件にかんする総括から、後続の主体的契機にかかわる意味／(因果)帰属に移る旋回点／方法上の転換点として、当該注記のコンテクスト全体のなかに整合的に収まりもする。

なるほど語法上は、著者がこの一文でも、視野を『コリントI』七章二〇節に限定したまま、なぜか訳語の「揺れ」の空間的比較から時間的比較に転じ、一五二三年から三三年までの間にruffからberuffへの「揺れ」が起きた、と述べている、と解釈する余地は残されよう。ただし意味内容上は、この解釈では、著者は一五二三年のRufが「普及版」でBerufに変わっていることを確かに知り、「普及版」(複数)がルター本人訳原典とは異なることも当然知っていたろうからには、(一)一五二三年から一五三三年にかけてルター本人がBerufに改訂、(二)一五三三年以降、ルターが没する一五四六年までにルター本人がBerufに改訂、(三)ルター没後、別人がBerufに改訂、という三つのありうべきケースのうち、事実関係を特定して示さず、状況証拠も挙げず、闇雲に(一)のケースと断定するリスクを犯したことになる。羽入は、「著者ヴェーバーはじつは、そのように杜撰な人間だ」と裁断したいであろう。しかし、筆者の比較的長い粒々辛苦の読解経験を対置すれば、この著者ヴェーバーは、もとより一個の生身の人間として、リスクを犯し軽率な判断をくだすことがなかったとはいえないにせよ、こと断定にかけては過剰なほど神経を使う習癖をそなえていた。その著者がここで、右記闇雲な断定を含む一文を無造作に公にしたとは、筆者には考えにくい。それに比べると、右に述べた管見は、当の「不可解な断定」を、Berufの「第一種」用例の事実によって根拠づけられる(著者においても根拠づけられていたにちがいない)判断と認定して「不可解さ」を解消し、「論理が通る」一解釈例であり、筆者には(著者ヴェーバーの「恒常的習癖」に適う「客観的に妥当な」「適合的」判断として)「呑み込め」「腑に落ちる」。いずれにせよ著者は、くだんの一文で、「『コリントI』七章二〇節のruffが一五二二年から三三年にかけてberuffに改訂され、そのうえでそのberuffが『ベン・シラ』のponosに当てられた」と明示的に主張しているわけではない。そうした主張はむしろ、くだんの一文にかんするひとつの解釈に止まり、しかも右記の難点をともなう

「非適合的／偶然的解釈」にすぎない。

★35　ルターへの論及と「固有の意味におけるルター研究」との方法上の区別と差異については、後段第一六節で、フランクリンへの論及と「固有の意味におけるフランクリン研究」との区別と差異という並行事例に即して問題とし、そこでまとめて詳論したい。

★36　本文および前注34でも触れたとおり、著者は、『コリントI』七章二〇節のみでなく、一七～二四節を明示的に「普及版」から引用し、ついで「時は迫っている」（二九節）との終末論的希望と、それゆえ「妻のある人はない人のように、……買う人は持たない人のように（世の事にかかわっている人は、かかわりのない人のように……）」（二九～三一節）という終末論的現世無関心の勧告とに言及する。そうすることで、二〇節と二四節を間に挟む一八～一九節の「割礼／包皮別」、二一～二三節の「奴隷／自由人別」、それに二五節以下の「既婚／未婚別」（にかかわる勧告）の三具体例が、二〇節と二四節の一般命題に集約され、両節の klēsis が無理なく「諸身分 statūs, Stände」の意味に解せることを、一語 klēsis のみの語義詮索からではなく、「当の章句が置かれているコンテクスト」から、示そうとしたのであろう。そして著者は、ルターが一五二三年の釈義でその klēsis に Ruf を当てていた事実を、同じ『エアランゲン版著作集』の同じ箇所（五一巻、五一頁）への（こんどは整合的な）参照指示によって再確認する。したがって、ルターは、『コリントI』七章では、klēsis に（語形としてはタウラーと同じく）Ruf を当てながら、その語義は「身分」と解し、「今日の意味における職業」とまで解してはいなかったことになる。そのかぎり、ルターの用語法にたいするタウラーの直接の影響は証明されない。

とはいえ、著者が、ルターの思想にたいするドイツ神秘家（複数）の影響（したがって、ドイツ神秘家のひとりタウラーの、ルターの思想を媒介とする、ルターの用語法への間接の影響）まで否定したのかといえば、けっしてそうではない。著者はむしろ、ドイツ神秘家の影響を「周知のこと」（RS1: 68, 大塚訳、九六頁、梶山訳、一三四頁）と見なし、とりわけ両者をトマス主義に対置して、つぎのように述べている。すなわち、農民の「農奴的労働」を底辺／最下位に置き、上に順次階梯を設けていくトマス流の労働評価図式は、（都市を滞留拠点とし、都市定住諸社会層の喜捨に依存する）托鉢修道士層の「物質的利害関心」と「存在被拘束性」を顕している。したがってそれは、そうしたカトリック的視点からは高度に合理化されていても、あるいはまさにそれゆえ、「農民の子ルターやドイツ神秘家」には思いもよらないことである。ルターやドイツ神秘家は、むしろ「すべての職業を互いに同等と見る前提条件のもとに、社会の身分編制を神意によるものと考えていた」（RS1：71-2，大塚訳、一一四頁、梶山訳、一五〇頁）。

著者ヴェーバーの宗教社会学を「倫理」以降の展開に沿って追跡し、「倫理」を「古代ユダヤ教」水準の問題設定とパースペクティーフに移し入れると、この論点は、「なぜ、ローマ本山でもコンスタンチノープルでもなく、ケルンでもマインツでもアウグスブルクでもなく、片田舎の後進地ヴィッテンベルクで、新しい宗教思想が孕まれたのか」との問いに結びつき、ルター研究／ドイツ神秘主義研究に、「倫理」水準とは異なる新しい展望を開くのではあるまいか。この問いは翻って、「近代化」後発地域の思想可能性を照射し、当該地域における「ゼロト主義」的対応を発掘し、再評価して、研究上の焦点に据えることにも連なるであろう（早逝した藤田雄二の『アジアにおける文明の対抗――攘夷論と守旧論に関する日本、朝鮮、中国の比較研究』、二〇〇一年、御茶の水書房、を参照し、かれの遺志を継ぐ研究者が、若い世代から現れることを期待してやまない）。

★37　ルター当時のドイツ語語彙において、ruff と beruff との間に、語義上どれほど歴然たる差異があって厳格に使い分けられていたのか、遺憾ながら筆者には詳らかでない。ともあれヴェーバーは、ルターにおけるその差異にも、さしてこだわってはいなかったように見受けられる。前注34で指摘したとおり、初期（一五二二年）ルターの beruff の用例に『コリントI』一章二六節（じつは ruff）を含めてしまっているし、この箇所が一五二六年の第二版から beruff に改訂される事実にも、注意を払っていない。また、一五二三年の『コリントI』七章の釈義に論及してはいるが、そのなかでルターが、同一構文の klēsis に beruff も当てていた前記の事実には、止目していない。ただし筆者は、これらの事実を著者の「杜撰」とは捉えず、さしあたりホルが指摘した「ルター流」（前注33）に対応するものと解しておく。もとより、ルターの用語法とその変遷を、さらに立ち入って網羅的に検索し、そのうえで再度著者を批判するような歴史研究には、敬意を込めて、次注38でも触れるとおり、アリーナを開いておく。

★38　それにもかかわらず、あるいはむしろまさにそれゆえに、『コリントI』七章二〇節が、定点観測点として重要であることに変わりはない。というのも、『コリントI』七章二〇節の訳語は、ルター本人においては ruff のままで、そのかぎり（聖書翻訳史ないし固有の意味におけるルター研究には）問題を残しながら、ルター派にいたるとBeruf, Beruf相当語に改訂／統一されるという変遷を映し出している。その点、比較研究をルター／ルター派の範囲を越えて空間的に拡大するばあいのみでなく、いまいちどルター本人に立ち返り、「なぜ、かれはruffで通したのか」を改めて問い、ルターのruffへのこだわりが（あったとして）ルター派においては明示的／黙示的に解消される歴史的経緯を探究しようとするばあいにも、いぜんとして『コリントⅠ』七章二〇節が、そうした時間的比較の基礎＝定点観測点として欠かせないであろうからである。

★39　「倫理」第一章第三節の表題は、"Luthers Berufskonzeption. Aufgabe der Untersuchung" で、梶山訳では「ルッターの職業思想——研究の目的」、大塚訳では「ルッターの天職観念——研究の課題」と訳出されている。これにたいして、梶山訳の編者安藤英治は、主題を「。」でいったん閉じ、改行して「研究の目的」と記したうえ、梶山訳（また大塚訳）の表記では「研究の目的、課題がルッターの職業思想であるかのような錯覚を与えかねないと思われるので原文どおりの表記にした」と注記している。これはいかにも安藤らしい、内容本位の気配りで、適切な措置である。著者ヴェーバーは、第一章第三節で「ルターの職業観」を取り上げてはいるが、これが「倫理」全体の「研究の目的、課題」をなすわけではない。かれは、当該節の叙述で、「ルターの職業観」の（「精神」の歴史的与件というひとつの価値関係的視点からみた）限界を見極めることをとおして、当の職業観を引き継いで別の方向に転じたカルヴィニズムを初めとする「禁欲的プロテスタンティズム」の職業思想とその宗教的基盤とに、研究対象を移し、「研究の課題」を再設定している。一見副題風の表記は、「ルターの職業思想」が、そうした検討をへて「研究の課題」でなくなることを示し、代わって「研究の課題」を負う本論（第二章「禁欲的プロテスタンティズムの職業倫理」）への架橋句をなしているのである。

★40　本書第一章で詳述したとおり、「精神」と「職業観」との関係を、一方では著者の生活史における原問題形成、他方では「倫理」以降の思想／理論展開に即して、総合的に捉え返すと、ヴェーバーの中心問題はむしろ「（ヨーロッパ近代の）職業観」のほうにあったといえよう。多様に調和を保って展開される生活諸活動の一環としてある特定の活動が、ひとたび「職業」となるや、人生の中心価値ないし自己目的にのし上がり、逆に、すべての生活時間を要求し、いっさいの対他者関係の手段化を強いる、そうした「倒錯」「本末転倒」が、広く「ヨーロッパ近代」の問題性の焦点／集約点をなしている。この問題をヴェーバーは、近代科学の領域で脱職業人化を余儀なくされた自身の実存的苦境を契機に、まさに問題として自覚し、その歴史的運命／「来し方行く末」を、近代科学を一分肢とする「ヨーロッパ近代」の文化諸形象総体について問い、突き止めようとした。「資本主義の『精神』」とは、当の「(ヨーロッパ近代の)職業観」の経済領域への一分肢として、「近代資本主義」を資本主義一般から区別する主体的／精神的契機にほかならない。これが当初、「倫理」の主題とされるのである。

★41　著者自身は、第一章第一節「信仰と社会層」で「ルター［のみでなく］、カルヴァン、ノックス、フォエトの古プロテスタンティズム der alte Protestantismus der Luther, Calvin, Knox, Voët」(RS 1: 29, 大塚訳、三三頁、梶山訳、八三頁)に言及し、第一章第三節の末尾では、これから(本論で)「古プロテスタンティズムの altprotestantisch 倫理と資本主義精神の発展との関係を探究するにあたって、カルヴァン、カルヴィニズム、およびその他のピューリタン諸『ゼクテ』が達成したところから始める」(RS1: 81, 大塚訳、一三三頁、梶山訳、一六六頁)と明記している。

★42　WL: 184, 富永／立野訳、九九頁。

★43　WL: 190, 富永／立野訳、一一一頁。

★44　前注7参照。

★45　ヴェーバーの概念規定と用語法によれば、「人種所属 Rassenzugehörigkeit」とは、「遺伝によって継承される同種の素質が、現実に(ということは、たんなる擬制としてではなく)血統によって所有されている事態」を意味する。したがってそれは、ひとつの客観的与件にすぎず、それを母胎に、現実に「ゲマインシャフト(社会的)行為」が発生し、「人種ゲマインシャフト」が形成されるとはかぎらない。むしろ、その発生と形成が、この概念構成によって、ひとつの社会学的問題として取り扱われる。他方、「種族 ethnische Gruppe」も、「①外面的容姿、②習俗(生活習慣)のいずれか、あるいは両方、または③植民や移住の記憶、にもとづいて、血統の共有にたいする主観的な信仰を、ゲマインシャフト(社会)関係の拡張にとって重要な程度に抱き、なおかつ『氏族 Sippe』はなさない人間群」と定義される。したがって、客観的な血統の共有（「人種所属」）にもとづく「外面的（に目立つ）容姿」は、主観的な「種族的共属性信仰」の構成契機のひとつにすぎない。こうして、「人種」が「種族」に止揚される。さらに、「種族的共属性信仰」が成立しても、これまたそれを与件に、現実に「部族」「民族」などの「種族ゲマインシャフト」が形成されるとはかぎらず、やはりひとつの社会学的問題をなす。こうした概念規定は、確かにやや煩瑣ではあるが、これによって初めて、「人種」や「種族」の実体化と実体概念が破砕される。Cf. Wirtschaft und Gesellschaft, 1922, 5. Aufl., 1972, Tübingen, 2. Teil, Kap. IV : 234-44.

★46　ここで、この理論構成の思想的／理論的背景に触れておきたい。本書第一章で素描したとおり、ヴェーバーの実人生において、稀有な運命による脱職業人化とその意味解釈が成り、かれの実存に垂れ込めていた暗雲にも晴れ間が見え始めると、病前に習得されていた厖大な歴史的／理論的知識も、新たな課題に向けて、それまでとは異なるパースペクティーフに再編成されたにちがいない。そのさい、とくに大きな意義を帯びて再認識されてきたのは、カール・マルクスの所説ではなかったろうか。この関連で、「倫理」の思想的／理論的背景としてのマルクス――「マルクスとヴェーバー」図式のマルクスではなく、「ヴェーバーの実存的思考において、メンガー、ニーチェ、フロイト他、さまざまな思想要素と相互媒介の関係に置かれ、ヴェーバー流の歴史・社会科学に止揚されるマルクス要素」――にかぎって、多少立ち入ってみよう。

ヴェーバーが病前、『資本論』を熟読し重視していたことは、ハイデルベルク大学における理論経済学の講義で、参考文献目録中、『資本論』のみページ数まで明記して聴講者に参照を指示していた事実に、一端を窺うことができる。また、かれが最悪の病態を脱して「新局面」の緒につき、新たな方法的見地を打ち出した記念碑ともいえる「客観性」では、かれの「社会科学」ないし「社会経済学」は、「マルクスおよびロッシャー以降の社会経済科学」（WL : 163, 富永／立野訳、五九頁）の伝統に則って、狭義の「経済」現象だけでなく、たとえば宗教のような、「経済に制約され」、翻って「経済を制約する」現象も取り上げ、したがって「対象の範囲が、……あらゆる文化現象の総体にまで押し広げられる」と宣言している。つまり、病からの再起をはかるヴェーバーは、経済学教授としての職業的束縛から脱し、病気療養中に「これまで知らなかったほど打ち開」かれた「人生の純粋に人間的な面」に関心を広げると同時に、そうした側面を社会科学の射程に入れてきた学問的伝統を再評価し、そこから自分の実存的問題も社会科学的に展開できるとの見通しをえたにちがいない。かれは、世界観としての「唯物史観」や、ロッシャーに代表されるドイツ歴史学派経済学（旧派）の「有機体説」や「流出論理」はしりぞけながらも、その伝統のなかに温存されていた「総体志向」は継受し、これを分析的／経験科学的に活かす道を切り開いていった。「倫理」に始まる経験的モノグラフの執筆と並行して、方法論的思索に沈潜し、ロッシャー、クニースのほか、メンガー、ディルタイ、ヴィンデルバント、リッカート、ヴント、ミュンスターベルク、ジンメル、ゴットル、リップス、クローチェ、マイヤー、シュタムラー、クレペリン、ブレンタノ、オストヴァルトら、社会科学方法論にかかわる所説を発表していた諸家と、つぎつぎに対決し、その成果を「客観性」以降の方法論文に結実させていったのである。

　では、そのヴェーバーに、マルクスの『資本論』はどう映ったであろうか。とりわけ、かれの実存的問題を「総体志向」にむすびつけ、かれ個人の学問研究（近代科学の領域）における「痙攣」問題を、経済主体／経済人（近代経済の領域）の「痙攣」問題へと主題転移し、この拡大された「痙攣」問題を、さらに（「経済に制約される」と同時に「経済を制約する」現象としての）宗教と関連づけて捉え返そうとするとき、そうしたヴェーバーの新しいパースペクティーフからは、『資本論』のいかなる記事が目に止まったであろうか。真っ先に目に飛び込んできたのは、たとえばつぎのような箇所ではなかったか。

「だが、原罪はいたるところで作用する。資本制的生産様式・蓄積・および富の発展につれて、資本家は、資本のたんなる化身ではなくなる。かれは自分自身のアダム（欲望）に『もののあわれ』を感じ、また、禁欲精進に熱中することSchwärmelei für Askeseを古風な貨幣蓄蔵者の偏見だと嘲笑するようになる。古典的資本家は、個人的消費を、自分の職分にたいする罪悪Sünde gegen seine Funktionであり、蓄積の『放棄』だと極印するのであるが、近代化された資本家は、蓄積を、自分の享楽衝動の『断念』だと解することができる。『あァ　かれの胸にはふたつの霊が宿っていて、その一方は他方から離れようとするのだ！』［ゲーテ『ファウスト』Ⅰ、一一一二―三］資本制的生産様式の歴史的端緒においては、――そして、にわか資本家はいずれも、この歴史的段階を個別的に通過する――致富衝動と貪欲とが絶対的情念として支配的である。だが、資本制生産の進歩は、享楽の世界を創造するだけではない。

それは、投機および信用制度とともに、突然の致富の、無数の源泉を開発する。特定の発展度に達すると、富の誇示であると同時に信用獲得手段でもある世間並み程度の贅沢が、むしろ『不幸な』資本家の事業上の必要となる。奢侈が、資本の交際費の一部となる。」(Marx, Karl, Das Kapital, Bd. 1, 1867, Marx/Engels Werke, Bd. 23, 1972, Berlin: 619-20, 長谷部文男訳『資本論』青木文庫版、Ⅳ、一九五二年、九二四―五頁)

ヴェーバーの「痙攣」は、ここで、マルクスの「禁欲精進」と重ね合わされよう。そうすると、この一節には、

(一)原始蓄積/初期蓄積期の「古典的資本家」が「禁欲精進」に明け暮れ、自分の生活(「個人的消費」)を、(「自己目的」に祀り上げられた)「(資本)蓄積」の「放棄」として、自分の「職分」(仕えるべき高次の存在を予想して初めて意味をなす語として「使命 Mission」「職業 Beruf」に通じる)にもとる「罪悪」と感得し、この「罪悪」感をバネにいよいよ「職分」に精進する(「自分は選ばれていないのではないか」という不安から、「禁欲精進」の「痙攣」に逃避する)「職業人」であったこと、

(二)そうした「禁欲精進」が、まさに富を産み出すことによって「みずからの墓穴を掘り」、まずは、神と富とに兼ね仕えることが「ふたつの霊」の葛藤として体験され、つぎには(一項目、ヴェーバーの補足を編入すると)、「ふたつの霊」の世界をともに利用する過渡期をへて、最終的には、「致富」に屈し、人間類型も、逆に蓄積を自分の享楽衝動の「断念」と感得して「禁欲精進」をあざ笑う「近代化された資本家」に転態を遂げること、

(三)それにともなって、「信用獲得手段」が「禁欲精進」から「世間並み程度の贅沢」をへて「富の誇示」へと変遷を遂げ、(一項目、補足すれば)ソースタイン・ヴェブレンのいう「人目を引く消費 conspicuous consumption」の時期を迎えること、

が、資本制生産様式の発展諸段階として、ただし狭義の「経済」現象にとどまらず、宗教的媒介の濃淡や人間類型の交替も視野に収めて、一望のもとに捉えられている。

しかも、それだけではない。ここで、「にわか資本家はいずれも、この歴史的段階を個別的に通過する」という但し書きに注目したい。つまりここには、社会的生産様式に準拠した資本制的「社会構成体(社会形象)」総体の発展にかんする概念構成が、同時に「にわか資本家」という個人の発展にも適用され、その「知るに値する」特質を照らし出

し、歴史的に位置づける、そういう概念／理論構成の可能性が示唆されている。マルクスのこの概念を、ある個人に適用してみよう。

「英国の諺に、『身上ふやすにゃ、女房が大事』というのがある。私同様勤勉と節約を愛する妻をもったことは、幸福なことであった。妻はパンフレットを折ったりとじたり、店番をしたり、製紙業者に売るため古リンネルのぼろを買ったりして、まめまめしく仕事を助けてくれた。役にも立たぬ召使などはひとりもおかなかった。食事は簡素を旨とし、家具も一番安いものを使った。たとえば朝食は、長い間パンと牛乳だけで、茶は用いず、それも二ペンスの陶器の丼に入れ、白鑞のスプーンで喰べるのであった。ところが、なんと贅沢というものは、倹約を主義にしていても、いつしか家庭に入り込んで、次第にひろがっていくものなのだ。ある朝食事に呼ばれて行ってみると、磁器の茶碗に銀のスプーンがついているではないか。これは、妻が私に相談もせずに買ったので、しかもこのため二三シリングという大金を出したのである。これにたいして妻は、自分の夫も隣近所の人と同様［つまり「世間並み」に］銀のスプーンと磁器の茶碗を使うだけの値打ちがあるから、とこういう以外には、言訳も弁解もないのであった。これが、金銀の食器と磁器が私の家に現れた最初であるが、その後、年とともに身上のよくなるにつれ、だんだんと数を増し、ついには価額数百ポンドに達するまでになった。」（The Writings of Benjamin Franklin, ed. by Smyth, Albert Henry, vol. 1, [1907] 1970, New York : 324, 松本慎一／西川正身訳『フランクリン自伝』、一九五七年、岩波書店、一三一頁）

　フランクリン個人のこの自己告白には、マルクスのいう「原罪の作用」（ヴェーバーでは「富の世俗化作用」）、すなわち、勤勉と節約が「身上を増やし」、「身上のよくなるにつれ」、当の「身上」がほかならぬ勤勉や節約の「墓穴を掘る」という逆説的関係が、じつに正直に、誠実に語り出されている（ちなみに、この叙述からはまた、フランクリンにおける「節約」という概念が、かれ自身の経験的現実にも一致せず、ただかれの一時期の傾向に対応する「理念型」であることが、よく分かる）。と同時に、フランクリンはなるほど、世俗的な「致富」のために一時期「禁欲精進」に没頭し、「一三徳」のような世俗的徳性を「エートス」として身につけようと努力し、他方また、『自伝』その他の著作で「神」を（観念、言説として）引き合いには出し、叙述を「宗教的」に粉飾してはいるが、「救済」をめぐる深刻な不安——したがって不安から逃れるための宗教的「禁欲精進」「痙攣」——からは離脱している。こうした特性を、右の発展尺度上に位置づければ、かれは、（一）から（二）にかけての「歴史的段階を個別的に通過」しているといえよう。

さて、『資本論』のマルクスは、資本家を「貨幣」「資本」といった「経済学的カテゴリーの人格化」として——「貨幣」「資本」に拝跪する「物神崇拝者」として——叙述していくので、「原罪」「禁欲」「罪悪」といった宗教用語も、一見一種の比喩ないしレトリックとして用いられ、具体的な宗派宗教性との関連実態は指示されていない、とも思われよう。しかし、じっさいにはそうではなく、『資本論』へのある準備的労作には、「貨幣蓄蔵者は、かれの禁欲主義が精力的な勤勉と結びついているかぎり、宗教的には本質的にプロテスタントであり、さらになおピューリタンでさえある」（Kritik der Politischen Ökonomie, 1859, MEW, Bd. 13, 1969, Berlin: 108, 武田隆男他訳『経済学批判』一九五六年、岩波書店、一六八頁）と書かれ、その草稿には、「貨幣崇拝にはその禁欲、諦念、自己犠牲がある。——倹約と質素、すなわち現世的・一時的・経過的な享楽の蔑視。不滅の財宝の追求。ここからして、イギリスのピューリタニズム、あるいはオランダのプロテスタンティズムの、金儲けとの関連［が分かる］」（Grundrisse der Kritik der Politischen Ökonomie, 1857/58, 2. Aufl., 1974, Berlin: 143, 高木幸二郎監訳『経済学批判要綱（草案一八五七／五八）』第一分冊、一九五九年、大月書店、一五〇頁）とある。後者は、遺稿から編纂され、一九五三年に初めて日の目を見たから、ヴェーバーは知るよしもないが、前者はあるいは、かれの目に触れていたかもしれない。

なるほど、ヴェーバーは、法学／法制史（学位論文『中世商事会社の歴史』一八八九年）、経済史（教授資格請求論文『ローマ農業史』一八九一年）／経済理論、および社会政策にかかわる農業労働慣行と取引所制度の調査研究という職業上の専門領域から、思いがけず宗教／宗教性といった不慣れな非専門分野に迷い込んではいた。だが、マルクスから、ここまでヒントを与えられ、おそらくは霊感を触発されたならば、それ以上マルクスに頼る必要はなく、むしろマルクスの「総体論」をメンガーの「原子論」その他と相互媒介の関係に置いて相対化しながら、ヴェーバー独自の概念／理論構成を迅速に進めることができたであろう。ただ、右記のとおり、社会形象総体の発展にかかわる概念でありながら、個人（総体）にも適用され、よってもって当該個人の歴史的な境位を位置づけできる、という概念構成の特性は、ヴェーバーの「意味変遷（精神史）の理念型スケール」にも確かに止揚され、保持されている。

★47 RS1：205, 大塚訳、三六八頁、梶山訳、三五九頁。

★48 Cf. RS1：33, 大塚訳、四三—四頁、梶山訳、九一頁。Durkheim, Emile, Détermination du fait morale 1906, Sociologie et philosophie, [1924] 1967, Paris：39-80 も併せ参照。

★49 RS1：33, 大塚訳、四三頁、梶山訳、九一頁。

★50 「唯物史観の公式」と対比してあまりにもしばしば「決まり文句」として語られる「ヴェーバー歴史観の公式」、すなわち「[歴史において]人間の行為を直接規定するのは、利害関心（物質的ならびに観念的な）であって、理念ではない。しかし、『理念』によってつくりだされた『世界像』は、きわめてしばしば転轍手として軌道を決定し、その軌道の上で利害というダイナミックスが人間の行為を押し進めてきた」(RS1：252, 大塚／生松訳、五八頁)とは、じつはたとえばこういうことである。経験的モノグラフの具体的叙述に即して捉え返さなければ、ほとんど意味をなさないのであるが。

★51 The Writings of Benjamin Franklin, vol. 1：307, 松本／西川訳『フランクリン自伝』、一〇七頁。

★52 たとえばつぎの一節を参照。「世界歴史の華やかな舞台にふだんにうつつを抜かしているうちにいつしか甘やかされ腑抜けになって、ただただ《重きをなすもの》ばかりを漁り、偶然のたまものや世界史的影響のことだけに心を奪われる始末とはなる。そして本質的な、たましいの内奥の問題、つまり真の自由といった倫理的問題はそっちのけにされてしまうのだ。いいかえれば、世界歴史の舞台にふだんにうつつを抜かしていると、行動の力を失ってしまうのである。真の倫理的感激とは、なによりも全力をかけてある行動にうって出ようとする意志の純粋さにあるが、しかしまた同時に、その行動の結果や効果のいかんを神に委ねて一切問わない信仰的超越のゆとりに支えられてもいるのだ。意志が結果や効果に気をとられはじめるやいなや、個人は非倫理の領域に足を踏み入れることになる。そのとき意志のエネルギーは衰弱するか、さもなければ異常な方向に発達して、報酬ばかり気にする不健全で非倫理的な欲求となる。そうしたエネルギーは、たとえ偉大なことをなしとげたとしても、倫理的には全く的はずれと言わざるをえない。主体たる個人は、まさに倫理的次元とは別の領域に意志のエネルギーをふり向けたからである。」（杉山

好／小川圭治訳『哲学的断片への結びとしての非学問的あとがき』上、一九六八年、白水社、二四三頁）

★53　フランクリンは、倫理とエートスとの区別を例解するかのように、つぎのとおり書き記している。「私はいかなる時にも過ちを犯さずに生活し、生まれながらの性癖や習慣や交友のために陥りがちな過ちは、すべて克服してしまいたいと思った。自分は何が善で何が悪であるかは分かっている。あるいは分かっていると思うから、つねに善をなし、悪を避けることができないわけはあるまいと考えたのである。しかし、やがて私は思ったよりずっと困難な仕事に手をつけたことに気がついた。何かある過ちに陥らぬように用心していると、思いもよらず、他の過ちを犯すことがよくあったし、うっかりしていると習慣がつけ込んでくるし、性癖のほうが強くて理性ではおさえつけられないこともちょくちょくある始末だった。そこで私はとうとう次のような結論に達した。完全に道徳を守ることは、同時に自分の利益でもあるというような、単に理論上の信念だけでは過失を防ぐことはとうていできない。確実に、不変に、つねに正道を踏んで違わぬという自信を少しでもうるためには、まずそれに反する習慣を打破し、良い習慣を創っていつもこれをしっかり身につけねばならないというのである。」（Op. cit.: 326-7, 松本／西川訳、一三四頁）

★54　Op. cit.: 308, 松本／西川訳、一〇七頁。

★55　RS1: 31, 大塚訳、四〇頁、梶山訳、八九頁。

★56　日本基督改革派教会／信条翻訳委員会訳『ウェストミンスター信仰告白』、一九六四年、新教出版社、五六―七頁。

★57　ヴェーバーの見地では、周囲の事物や人間のうち、カリスマ的（非日常的）な事物（呪物）や人物（呪術師）が区別され、それらの背後に、それらをまさにカリスマ的たらしめる「超感性的・超自然的諸力」（霊魂、神々、悪霊）が存立しているとの信仰が成立するとき、そうした「超自然的諸力」と人間との関係の秩序づけに（主観的な意味のうえで）準拠する行為が、広義の「宗教的行為」として登場する。とすると、その関係は、人間（呪術師）のほうが強くて「超自然的諸力」を（粗野ないし洗練された形式で）呪縛／使役する「神強制」と、逆に「超自然的諸力」のほうが強くて、人間（祭司／予言者／平信徒）が跪拝／供犠／礼拝／祈禱などの関係をとりむすぶ「神奉仕 Gottesdienst」とに（理念型的に）二分されよう。前者が「呪術」、後者が狭義の「宗教」と定義される。ところで、この意味の「宗教」が成立しても、「宗教的行為」の動機は、「呪術」と同様、人間が現世利益をえようと「与えられるために与える do ut des」ことにとどまりうるが、他方、そうした効果を顧慮せず、ただひたすら「神に嘉せられてある」という「志操 Gesinnung」ないし確信を心ゆたかに保持するために、神命に忠実に生きる、「倫理的宗教性 ethische Religiosität」にまで「醇化」されるばあいもある。このばあいに、宗教性が、（「その日暮らし」ではなく）首尾一貫した「生き方」の基礎となりうるわけである。

★58　神人関係について、祭司／予言者／（稀には）平信徒の思索が発展すると、「功績と運命の齟齬」が、「全能の神（ないし神的存在）と、その神によって創造された（ないし支配されている）被造物界の不完全、との矛盾」と感得され、翻って「神の義」が問われる。この「神義論問題」がいったん提起されると、宗教性は、その首尾一貫した解決を求めて「人間理性 ratio」を巻き込み、そのかぎり（矛盾ないし部分性が最終的に克服されるまで）「合理的」な展開を示すことになる。歴史上、この問題をめぐる思索が到達した、首尾一貫した解決のひとつが、マニ教の「二元論」、インドの「業の教理」と並ぶ「隠れたる神 Deus absconditus による予定の教説」である。そこでは、悪人の繁栄／善人のいわれなき苦難といった「神の無力・不義」が、「人知を超越する全能神」への無制約的信仰によって排除され、「神の全能」が救出される。繰り返される人間の悪業に心を痛め、救い出そうとするが叶わない「慈悲の神」も、当然、「全能性」に矛盾する表象として排除される。ということは他面、いかに洗練された儀礼であれ、「神強制」によって救済をもぎ取ろうとする呪術が、無意味としてしりぞけられ、息の根を止められることを意味する。

★59　「現実根拠」であれば、罪を犯しても、軽はずみなことをしても、それを上回る善行によっていつでも「取り戻しがきく」という安心感を保てる。人生行路は、なんど脇道にそれても（たとえば教会の聖礼典で贖われて）「正道」に戻れる、ゆるやかな山道を歩くようなものである。ところが、「認識根拠」となると、たったいちどの悪行も、「永遠の死」のあらわな兆候と見られ、いちど顚れたらお終いと感得されざるをえない。人生行路は、いちど足を踏み外したら崖から転落する、峻険な尾根の細道をひとり行くようなものとなる。理念型として極限化していえば、一挙手一投足も「自分の選択は『選ばれた神の道具』にふさわしいかいなか」の自己審査に委ね、そういう醒めた熟慮にもとづいて選択される行為を、生涯にわたって持続し、息詰まる緊張をもって細い尾根道をわたりきらなければならなくなる。

★60　たとえば東京大学大学院教授・松原隆一郎のように（『東洋経済』、二〇〇三年三月八日号、八六頁）。

★61　Cf. WL.: 241-4, 森岡弘通訳『歴史は科学か』、一九六五年、みすず書房、一三九—四四頁。ここでヴェーバーは、シュタイン夫人宛て書簡に表白されたゲーテの特異な体験事実を例にとり、これが研究の対象として取り上げられるさいの可能な論理的観点を、（筆者がわずかに整理と補足を加えると）つぎの四つに分類している。まず、

（一）当の体験事実が、それ自体「知るに値する」対象として関心を惹くばあいがあろう。研究者は、当の体験事実の唯一無二の個性（「固有価値」）を、他の類例と比較して際立たせ、浮き彫りにし、他者にも伝達できるように叙述する。当の体験事実が、「価値分析」「価値解釈」ないし「価値分析としての意味解釈」の対象として取り扱われるのである。そのさい、当の研究者が「ゲーテ研究」を主題としているとすれば、ゲーテの無限に多様で汲み尽くせない（これはなにもゲーテにかぎったことではなく、すべての個人についていえるが）体験群のなかから、ゲーテの特徴を顕すとみられるこの、あるいは（つぎには）他の体験を選び出し、それぞれの「固有価値」をそれぞれの個別理念型によって叙述し、そのうえで、そうしたいくつかの個別理念型を総合して、ひとつの「（複合的）全体像」「（人間）ゲーテ像」を——理念型は理念型でも「歴史的個性体」として——構築していくことになろう。つぎに、

（二）研究者の第一次的な価値関心は、当の体験事実そのものではなく、それと関連がありそうなゲーテ作品のほうに向けられ——この作品が右記（一）「価値分析」の対象をなし——、当の体験事実は、この作品の個性／特性を規定している一要因として、したがってその「因果的意義」に即して考慮される、というばあいがあろう。当の体験事実は、当該作品が「なぜかくなって、他とはならなかったのか」を「説明」する一要因として、つまり、当該個性／特性が「因果帰属」されるべき対象として、取り扱われる。右記（一）とこの（二）の関心を併せもった研究者は、包括的には「ゲーテ——人と作品」とも題されるべき研究テーマを、部分的ないしは全面的に追求していることになろう。さらに、

（三）研究者の価値／認識関心が、ゲーテ個人の人生と作品から、ゲーテ時代におけるドイツ中産市民階級に特有の「生き方（生活形式・生活様式・生活態度・ライフスタイル）」ないし「エートス」に拡大されるばあいもあろう。この

ばあい、当の体験事実は、そうした「生き方」を典型的に表現する象徴的な事例として研究者の関心を惹くかもしれない。とすると、当の体験事実は、その「生き方」をひとつの「集合態 Kollektivum」(的理念型)概念に構成する一契機、したがって、そのようにして構成された集合態(的理念型)概念の、ひとつの例示/ひとつの認識手段として、取り扱われることになろう。

　このばあい、当の研究者は「ゲーテ時代におけるドイツ中産市民階級のエートス」を研究テーマとして追求しているのであろうから、ゲーテ個人の、それ自体として無限に多様で汲み尽くしがたい体験群のなかでも、もっぱら当の一体験にのみ関心を惹かれ、これを選び出せば足り、それ以外の体験には関心を向けないかもしれない。かれにとっては、そうするよりもむしろ、ゲーテ以外の(ただし同時代の中産市民階級に属する)諸個人の、当該の集合態的「生き方」にかかわる体験事実に、そのかぎりで関心を向けるはずである。そのうえで、その研究者は、この集合態そのものを、経験的現実の歴史的因果連鎖のなかにはめ込み、その一項とみなし、それが「なぜかくなって、他とはならなかったのか」を問い、しかるべき先行与件(これまた、なんらかの集合態であろう)に「因果帰属」しようと試みるかもしれない。こうしたことは、社会科学的な研究プロジェクトとしては大いにありうること、いなむしろその通例であろう。

　ところで、このカテゴリー(三)においては、研究者の価値/認識関心がさらに拡大され、時代/民族/階級などによる限定が取り払われ、「ヨーロッパ」「中国」「インド」「中東」などの「文化圏」/「文明」に固有の「生き方」「エートス」といった集合態(的理念型)概念の構成がめざされることもありえよう。そのさい、ことによると、そうしたパースペクティーフのもとに、ゲーテの体験事実が、そのうちの「ヨーロッパ文化圏」に固有の「生き方」「エートス」の一例示/一認識手段として援用されることも、論理的には可能であろう。最後に、

(四)研究者が、こんどはいかなる文化の特性ともかかわりなく、一定条件のもとで人間一般に、通例反復的に出現する現象に——たとえば社会心理学や精神病理学の観点から——関心を寄せていて、そこからゲーテの特異な体験事実に注目する、というばあいもあろう。このばあい、当の体験事実は、そうしたひとつの「一般経験則」ないし「法則的知識」を構成する一契機、したがってその一例示/一認識手段となりえよう。そしてこの一般経験則ないし法則

的知識が――ad hocに（そのつど）、あるいは『経済と社会』草稿のような決疑論体系に編成され、「道具箱」として整備されて――「因果帰属」に（欠くことのできない手段として）援用され、「適合的因果連関」にかんする「客観的可能性判断」に役立てられる。

さて、「倫理」第一章第二節で著者ヴェーバーが方法自覚的にめざしているのは、フランクリンの文書や自伝から意味を解釈して読み取れる「事実」を、右記（三）の論理的可能性に準拠して、あくまで一例示／一認識手段として選び出し、一八世紀の近代市民的社会層に支配的となっている「生き方」「エートス」とこれを規定していた「職業義務観」を、「集合態」（的理念型）概念に構成して把握することとである。この理念型概念は、フランクリンという一個人（といっても一総体）の、それ自体としては無限に多様で見極めがたい生きざまとその思想／感情表現のなかから、一研究者ヴェーバーが、かれ自身には生活史上の契機からすでにおおよそ知られている「職業義務観」にかかわり、これを例証するに相応しいと見た一面を、しかもそれのみを選び出し、思考のうえで極限化してえられた「思想像」であり、そのかぎりではフランクリン自身の経験的現実とも一致しない「ユートピア」である。「倫理」におけるフランクリンへの論及は、フランクリンという一個人／一総体の多様な諸側面を、それぞれ「個別理念型」によって把握し、そのうえでそれらを総合する「（複合的）全体像」「フランクリン像」を、「歴史的個性体」として構成しようとする――右記分類では、（二）の「ゲーテ研究」に対応する――「フランクリン研究」ではないし、当然ながら、そう僭称してはいない。それどころか、当該「職業義務観」にかかわりのない、あるいはそれと矛盾しさえする諸側面――の存在は、当然のこととして認めたうえで、それら――をすべて捨象し、そうすることによってもっぱら鋭い（一義的／一面的な）理念型概念を構成することを、まさに公然と（節の冒頭に明記して）めざしているのである。

したがって、そこで批判的に検討されなければならないのは、一方では、フランクリンの無限に多様な生きざまとその思想／感情表現のなかから例示として選び出された当の一面と、この一面も一例として考慮に入れて構成されたにはちがいないが、いまや理念型的極限概念として提示された「職業観」の（論理的）理想像とが、質的に見て適切に対応するかどうか、という問題である。「質的に対応する」とは、「経験的事実に属する事例が、理念型概念とぴったり重なる」とか、「事例がまるごと理念型概念に内属する」とかのことではなく、「事例の一面が、理念型的極限像のほうを向き、接近する傾向を示している」ということである。他方では、フランクリンという一個人以外の、当該「近代市民的社会層」に属する相当数の諸個人に、同じ「質的な対応」が認められるかどうか、という問題である。ある人物（フランクリンなり、ルターなり）の別の（あるいは同じ）データから、質的に異なる別の箇所を引いてきては、「この人物にはこういう面もあるから、ヴェーバーの把握は一面的である」、あるいはさらに「この面を認めると矛盾に陥るから、この面は隠蔽したにちがいない」と裁断するような「批判」は、およそ批判として意味をなさない。そういう「批判」はかえって、「批判者」のほうが、問題の一個人／一総体（フランクリンなりルターなり）を、無自覚にであれ、なにほどか実体化し、概念をまだその（実体の一対一的な）反映と心得ている実情――つまり、概念と概念によって把握される経験的現実との関係を徹底して考え抜いていない、ヴェーバーの方法論以前の実態――を、問わず語りに語り出すばかりである。あるいは、事実を取り扱う別の論理的可能性――右記（三）や（四）――に思いいたらず、ある論文にある人物の思想／感情表現が「事実」として取り上げられていたら、ことごとく右記（一）の「人物研究」あるいは（二）の「人と作品」研究にちがいない――それ以外にはおよそ「事実」の取扱いはありえない――と決めてかかる「短見」「早合点」の証左であろう。

「人物研究」「人と作品」研究に携わって久しい研究者は、その道では立派な専門的研究業績を達成しているにちがいないが、当の業績に安住して方法論的反省／自己相対化を怠れば、自分が専門的に慣れ親しんでいる「事実」の取扱い方を「過当に一般化」し、方法上／論理上別の取扱いを受け付けず、別の取扱い方がありうると考えもせず、かえってこの「短見」「早合点」に囚われやすいともいえる。それゆえ、「人物研究」「人と作品」研究の専門権威筋の所見は、だからといってヴェーバー批判として正鵠を射るとはかぎらず、往々にして逆――しかも権威が仇となれば、頑迷固陋に逆――となろう。

ヴェーバーとすれば、問題はフランクリン個人ではなく、近代市民的「職業観」とその由来（おそらくはカルヴィニズムをもっとも首尾一貫した代表例とする禁欲的プロテスタンティズム）であるから、いちはやく前者の理念型を構成し、そうした「集合態」的「理念」自体をこんどは経験的／歴史的現実の因果連鎖の一項に見立てて、（同様に「集合態」的「理念」の理念型を構成して把握される）禁欲的プロテスタンティズムに「因果帰属」できるか（少なくとも、近代市民的「職業観」と禁欲的プロテスタンティズムの教理／職業倫理との間に「意味適合性」があるかいなか）を問いたいところであろう。そのようにして禁欲的プロテスタンティズムの教理から近代市民的「職業観」にいたる意味／動機連関の理念型スケールが構成されたならば、翻ってそれをこんどは尺度に用い、経験的／歴史的諸個人（たとえばカルヴァン、ベザ、バクスター、……、フランクリン、あるいは溯行してルター、ウィクリフ、ヤン・フス、など）や諸集団（たとえばジュネーヴ、スコットランド、オランダのカルヴァン派教会、ユグノー教会、敬虔派、ドイツ敬虔派、メソディスト派、クェーカー派やメンノー派の「ゼクテ」、あるいは溯行して中世の異端諸派、など）に適用し、これら歴史的諸対象を当該スケール上（ないしはその前後）に──「一致」するものとしてではなく、右の意味で「質的に対応」するものとして──位置づけることが可能になるはずである。一齣の理念型構成（たとえばフランクリン・データによる近代的「職業観」の個別理念型の構成）の段階で、同時にそうした適用（当の理念型を用いての「フランクリン研究」）も実施し、そのつど理念型概念に補正を加えていくという手順も、考えられないことはない。しかしそれでは、多項目からなるスケールの一齣一齣に手間隙をかけすぎて、なかなか見通しのきく地点に到達できないし、（項目間の）連関の理念型構成が完了していないので、それをスケールに用いて、当の一齣（の適用対象）をそのスケール上に位置づけることもできない。したがって、ひとまず理念型の構成と適用とを区別し、適用／展開は後回しにして、問題設定の全範囲にわたる連関の理念型スケールを（それだけ一齣一齣は仮説的になると承知のうえで）いっきょに構成しきったほうが、研究上の効率がよく、そのうえで各齣を交互に位置づけできて、合目的的でもあろう。

それに、ヴェーバーの「倫理」のばあい、先に第一章で見たとおり、問題設定そのものが、かれの実存的懊悩に発し、その解決に苦難の克服と新生への展望が賭けられていた、と想定される。とすれば、そのために先を急ぐあまり一齣一齣には手を抜くというのではなくとも（そうはしないところに、ヴェーバー的実存の特性があると思うが）、やはり一刻も早く問題設定の全範囲にわたる見通しをえたいとの衝迫に駆られても不思議はない。そうすることが、方法論上許されているばかりか、効率的／合目的的でもあるとあっては、その方針で速やかに進むことに、もはや障碍はなかったであろう。ヴェーバーのばあい、問題設定の根源的性格が、もろもろの「事実」の取扱い方といった具体的な研究方針にまで影を落としているのであって、そうした根源的な次元に遡ることなしには、「倫理」の読解は不可能――とまではいえなくとも、読解が皮相に流れるのは不可避といえよう。

しかし、そうするとこんどは、そういう理念型的概念構成のあとにくる、概念適用の段階はどうなるのか、どこにあるのか、という問題が浮上してこよう。それこそ、じつは、「世界宗教」と『経済と社会』草稿で迂回的準備をととのえたうえで、「ヨーロッパ中世の発端から近世の頂点に登り詰めて『功利主義』に解体する合理的禁欲の軌跡を、禁欲的宗教性の個々の波及地域に即して歴史的に究明する」という、「倫理」末尾に明記され、改訂時にも保存された研究プロジェクトではなかったか。いずれにせよ、著者ヴェーバーが、「倫理」でなにを問題とし、どこまで解き明かし、いかなる問題を残し、その後どう取り扱ったのか、また取り扱う予定だったのか、――こうした諸点を総合的に把握しようとすれば、どうしても「倫理」のみの自己完結的読解では足りず、「倫理」からの全展開を、以後の諸労作に問うて、没年まで追跡しなければならない。

あとがき

筆者は、第二章の論駁で羽入への批判が完結したとは考えない。羽入が実のある反論を発表するなら、即応して論証を詰めていく用意がある。

しかし、それよりもむしろ、羽入書批判の根底にある筆者自身の「倫理」解釈を、第一章の基本構想を敷衍し、展開する形で、いっそう詳細に、積極的に打ち出してみたい。というのも、一般に学問上の批判は、相手を論破する否定面だけに終わらず、相手が本来考えるべきであったこと——このばあいでいえば、そもそも「倫理」が、なにを問題とし、いかなる論証構造をそなえ、そこで探り出された問題が、後続の諸論文でいかに展開され、どこまで到達しているのか、など——を相手に代わって考え、そうすることをとおして従来の研究水準をのりこえていくのでなければならない。この方向でなにほどかプラスの成果を達成して初めて、学問的批判はひとまず完結するといえよう。

ところで、筆者は現在、ヴェーバー研究の内部では、第一章でも触れたとおり、「ヴェーバー社会学の生成と体系構成」とも題すべきテーマと専門的に取り組んでいる。「倫理」そのものよりもむしろ、「倫理」以降の方法論の展開を追跡し、社会学が生成してくる経緯を明らかにし、最初の具体的展開である「一九一〇～一四年草稿」(従来版『経済と社会』第二／三部、『全集』Ｉ／22)の誤編纂を是正し、体系的再構成を試みたいと考えている。したがって、「倫理」そのもの、とくにその素材面については素人も同然である。しかし、ヴェーバー研究者のひとりとして、いちおう筆者なりの「倫理」解釈は持ち合わせている。今回初めて本書第一章に披瀝した基本構想を永年温めてもきた。ただし、自分の専門とはいえないので、これまで研究論文として発表したことはない。ただ、懸案の『ヴェーバー「経済と社会」の再構成——全体像』を仕上げ、余力があれば、ヴェーバー研究者として最後の仕事に、基本構想と多少の素材だけはとりまとめ、形あるものとして残したいと思ってはいた。

ところが今回、羽入書の刊行とその内容を知り、二三の書評も読み、同僚の感想も聞いて、これはこのまま放っておくわけにはいかないと考え始めた。羽入書そのものより、これほどの内容が、修士／博士論文、学会賞その他の審査をくぐり抜け、言論の公共空間にまで登場した事態、しかもそれが正面から論評されず、なんとなく読書界に受け入れられてしまったかにみえる事態を、深刻に受け止めないわけにはいかない。

これほどまでに、「倫理」は読まれてこなかったのか⁉

とりわけ、金子武蔵／小倉志祥／浜井修といった優れたヴェーバー研究者(でもある学者)を三代にわたって擁し、文献読解の厳密性にかけては最高の水準にあった研究室から羽入が出自した事実を、どう理解すればよいのか。筆者は、一社会学徒としては、「むしろそうであるからこそ」との明証的解釈／仮説を、「現代大衆社会における高学歴層の『大衆人』化とルサンチマン」とも題すべき問題設定のもとに、持ち合わせている。だが、本書では、そうした外在的／知識社会学的考察は控え、ヴェーバー研究者として内在批判に徹した。

しかし、状況としては、羽入書の異様に激越な告発／糾弾口調に、戸惑ったり、沈黙したり、「倫理」読解を放棄してしまったりする若い読者も、僅少に止まらないであろう。「大学院」の粗製濫造にともない、高学歴は取得したが、研究者としての資質は疑わしく、まともな研究指導も受けず（受けたがらず）、プライドばかり高くてそれだけ欲求不満とルサンチマンをつのらせ、なにをやり出すか分からない、いわば「羽入予備軍」とも呼ぶべき統計的集団は、すでにかなりの規模に達し、現代の諸潮流の狭間にあって「危険な澱み」をなしつつあるかに見える。ことはたんに、狭義のヴェーバー研究のみならず、戦後日本の思想状況でヴェーバー研究をとおしても維持され、発展させられてきた「対象に就く精神」、広くは「学問の精神」が、こうした「大衆人」化状況で若い世代に順当に引き継がれていくかどうかの試金石とも思える。

また、羽入書との対決、その根底にある「倫理」解釈の対置は、筆者個人にとって避けられない、ひとつの闘いともいえる。筆者はかつて（一九六八〜六九年）、自分の在籍する東京大学が、医学部／文学部の処分問題で事実誤認を犯し、これを隠蔽しようとしたとき――それまではこよなく尊敬していた大塚久雄／丸山真男を含む圧倒的多数の教官が、そうした状況の流れに追随して沈黙し、「不作為の作為」を弄したとき——、むしろ当の事実誤認を「対象に就いて」究明し、誤りに関与した同僚教官が責任を取ることこそ、「学問の府」に相応しい問題解決と確信し、卑近な職場の状況、やがて一時期には大状況（言論の公共空間）に向けて、発言をつづけた。そして、大学当局と学生／教官の多数派が、問題のそうした根本的解決を回避し、警察機動隊に頼って授業再開になだれ込み、強権による既成秩序回復を「学問の自由」「大学の自治」の名のもとに粉飾／正当化したとき、当の授業再開を拒否し、（講堂にたてこもって逮捕され、裁判にかけられた）学生／院生の特別弁護人を引き受け、不本意ながら法廷という場で、東京大学の事実誤認と欺瞞を論証しつづけた。[★1] 裁判闘争を終えて授業を再開してからも、当の事実誤認と欺瞞を、現に自分の置かれた状況から出発する反省の一機縁／一教材として、ほかならぬ東京大学の授業に持ち出すようにつとめた。[★2] その間、筆者がなにかにつけ、いわば人生の「準拠人」として参考にし、拠り所ともしたのは、「上に向かっても下に向かっても、自分の属する階級に向かっても、［必要とあれば］嫌がられることをいうのが、学問の使命である」と説くマックス・ヴェーバーであった。

　筆者は、ヴェーバーから学んだ。学生にも、拙論／拙著の読者にも、学ぶことを奨励した。そのかれを詐欺師と決めつけられては、相手が誰であれ、黙っているわけにはいかない。筆者は、ヴェーバーの「人と学問」から学んだ一個人／一研究者として、また、かつての学生や読者への責任において、（思ってもみなかったことではあるが）ヴェーバーの「特別弁護人」を引き受けないわけにはいかない。「ここがロードスだ、ここで跳べ」といわれるような状況に、一再ならず投げ込まれ、半ば強いられた課題を受けて立たざるをえないのが、実人生であろう。
そういうわけで、自分の専門研究上の懸案『ヴェーバー「経済と社会」の再構成――全体像』は、ひとまずかたわらにおき、「倫理」の本源的問題設定、思想的／理論的背景、全論証構造、および「倫理」以降の著作群（わけても、一方では「世界宗教」シリーズ、他方では『経済と社会』草稿）との関連、にかんする管見を、本書にひきつづき、いっそう全面的に展開し、「倫理」初版刊行の百周年を期して上梓しようと決意した。この予定著作が、一方では、「倫理」の専門研究者ないし「倫理」関連（ルター／ルター派、カルヴァン／カルヴィニズム、その他の禁欲的プロテスタンティズム諸宗派／諸ゼクテ、フランクリン）の専門家に、発言と論争参加を促す「たたき台」となり、他方では、羽入書および本書の読者に、著者ヴェーバーの「倫理」ほかの労作への関心を深めていただく、ひとつの機縁ともなれば、幸いである。

本稿の執筆にあたっては、雀部幸隆、牧野雅彦、橋本努の三氏とEメールで交信し、筆者の草稿にコメントしていただき、対話を重ね、論点を明確にすることができた。とくに雀部氏は、筆者が昨（二〇〇二）年三月まで勤務していた椙山女学園大学人間関係学部の同僚で、在職中には始終、互いに研究の進捗状況を語り合っては、楽しいひとときをすごしていた。ところが、雀部氏は一昨年末以来、学部長やがて副学長に選出され、激務に時間を割かれる身となったが、筆者は、研究に専念するため職を辞し、関東の片田舎に移り住んでしまった。雀部氏は、筆者の「逃亡／遁世」を咎めなかったのみか、その後も筆者が草稿を一区切りごとに送ると、そのつど多忙のなかでも精読して、行き届いたコメントと温かい励ましを送り返してくださった。雀部氏の慫慂と助言と激励がなかったら、筆者は本書をまとめるにはいたらなかったろう。

松浦純氏からは、ルター文献の使用と読解につき、基本的な手ほどきを受け、閲覧の便宜をはかっていただいた。

荒井献氏は、『コリントⅠ』七章二一節の訳語にかんする筆者の質問に、氏の一論考を示して答えてくださった。

本稿の責任は、もとより筆者ひとりにあるが、本稿の諸論点につき、全面的または部分的に、ご多忙のなかを付き合ってくださった五氏に、筆者として深く感謝する。

最後に、学術書の出版がきわめてきびしい状況で、一書への学問的批判に徹したともいえる本書の公刊をあえて引き受けられた西谷能英氏の識見・決断・助言に、敬意を込めて謝意を表する。校正その他でお世話になった小柳暁子さんにも感謝する。

（二〇〇三年九月六日）

★1　『東京大学——近代知性の病像』、一九七三年、三一書房、参照。

★2　『学園闘争以後十余年——一現場からの大学／知識人論』、一九八二年、三一書房、『ヴェーバーとともに四〇年——社会科学の古典を学ぶ』、一九九六年、弘文堂、参照。

●著者略歴
折原　浩（おりはら・ひろし）
1935年　東京に生まれる。
1958年　東京大学文学部社会学科卒業。
1964年　東京大学文学部助手。
1965年　東京大学教養学部専任講師（社会学担当）。
1966年　東京大学教養学部助教授。
1986年　東京大学教養学部教授。
1996年　東京大学教養学部定年退職。名古屋大学文学部教授。
1999年　名古屋大学文学部定年退職。椙山女学園大学人間関係学部教授。
2002年　椙山女学園大学人間関係学部退職。
著　書『大学の頽廃の淵にて――東大闘争における一教師の歩み』（1969年，筑摩書房）『危機における人間と学問――マージナル・マンの理論とウェーバー像の変貌』（1969年，未來社）『人間の復権を求めて』（1971年，中央公論社）『東京大学――近代知性の病像』（1973年，三一書房）『大学―学問―教育論集』（1977年，三一書房）『デュルケームとウェーバー――社会科学の方法』上・下（1981年，三一書房）『学園闘争以後十余年――一現場からの大学／知識人論』（1982年，三一書房）『マックス・ウェーバー基礎研究序説』（1988年，未來社）『ヴェーバー「経済と社会」の再構成――トルソの頭』（1996年，東大出版会）『ヴェーバーとともに40年――社会科学の古典を学ぶ』（1996年，弘文堂）『「経済と社会」再構成論の新展開――ヴェーバー研究の非神話化と「全集」版のゆくえ』（ヴォルフガング・シュルフターと共著，2000年，未來社）
訳　書　ラインハルト・ベンディクス『マックス・ウェーバー――その学問の全体像』（1965年，中央公論社）改訳再版『マックス・ウェーバー――その学問の包括的一肖像』上・下（1987/88年，三一書房）マックス・ヴェーバー『社会科学と社会政策にかかわる認識の「客観性」』（富永祐治，立野保男訳への補訳／解説，1998年，岩波書店）

ヴェーバー学のすすめ

発行――二〇〇三年一一月二五日　初版第一刷発行
二〇〇五年　二　月二五日　初版第二刷発行
定価――（本体一八〇〇円＋税）

著　者――折原　浩
発行者――西谷能英
発行所――株式会社　未來社
〒112-0002東京都文京区小石川三―七―二
電話・（03）3814-5521（代表）
http://www.miraisha.co.jp/
Email: info@miraisha.co.jp
振替〇〇一七〇―三―八七三八五
印刷――精興社
製本――五十嵐製本

ISBN 4-624-40054-2 C0036

（消費税別）

折原浩著
危機における人間と学問
〔マージナル・マンの理論とウェーバー像の変貌〕著者によって拡大深化された傍題の理論にもとづき、変革期知識人の役割を追求するマンハイム、ウェーバー論の全論文を収録。 二八〇〇円

折原浩著
マックス・ウェーバー基礎研究序説
ウェーバーの学問体系の要をなす巨視的比較宗教社会学の全体像構築を目ざす著者は、マリアンネ・ウェーバーとヴィンケルマンの遺稿編集がもつ重大問題を指摘、体系成立を修正。 四五〇〇円

シュルフター・折原浩著／鈴木・山口訳
『経済と社会』再構成論の新展開
〔ヴェーバー研究の非神話化と『全集』版のゆくえ〕『経済と社会』は原著者の意図どおりに構成されたのか？あえて論争することで『全集』版の編集に問題提起した両者の論文を収録。 二八〇〇円

ウェーバー著／梶山力訳・安藤英治編
プロテスタンティズムの倫理と資本主義の《精神》
忘却の淵に沈まんとしている先達の名訳を復活・復権。本復活版では、大改定がなされた『倫理』論文の改定内容が立体的に把握でき、「アメリカにおける教会とゼクテ」も収録。 四八〇〇円

ウェーバー著／田中真晴訳
国民国家と経済政策
歴史学派・史的唯物論批判の視角からウェーバーの方法論的自立が確立された名著。東エルベ農業問題研究を踏まえ、ドイツの危機と経済学者の在り方に鋭い問題提起をおこなう。 一五〇〇円

ウェーバー著／海老原明夫・中野敏男訳
理解社会学のカテゴリー
ウェーバーの古典の一つである本書は、ウェーバー自身の広大な学問体系のまさに核心に触れるものであり、近年ドイツで進展したウェーバー研究の最新成果を踏えた新訳である。 二二〇〇円

ウェーバー著／松井秀親訳
ロッシャーとクニース
ドイツ歴史学派の創始者ロッシャーとクニースの歴史的方法と国民経済学の連関を、怜悧な科学的精神で批判した、神経症克服後の最初の重要な業績。 二八〇〇円

（消費税別）

ウェーバー著／肥前栄一訳

東エルベ・ドイツにおける農業労働者の状態

初期ウェーバーの農業経済研究の古典。農業労働制度の変化と農業における資本主義の発展傾向を分析。エンゲルスの『イギリスにおける労働者階級の状態』とも並び称される名著。　二八〇〇円

コッカ著／住谷一彦・小林純訳

〔新版〕ヴェーバー論争

ヴェーバーの学的関心・思考にみられる両義性（啓蒙主義的＝リベラル対現実政治的＝ナショナル）を統一的に肥える視角として合理化概念をおき、戦後西ドイツの研究史を概括。　二二〇〇円

テンブルック著／住谷一彦・山田正範訳

マックス・ヴェーバー方法論の生成

従来のヴェーバー方法論研究の基礎前提をなした『科学論文集』の体系に疑問をなげ、この通説を批判することを意図した本書は、初期ヴェーバーの評価を含め研究の再構成を迫る。　一八〇〇円

テンブルック著／住谷・小林・山田訳

マックス・ヴェーバーの業績

『経済と社会』がヴェーバーの主著だとする通説を根底的に批判し、西洋的合理化過程の特性把握を叙述した「世界宗教の経済倫理」の諸論考こそそのライフワークだとする研究。　二五〇〇円

シュルフター著／住谷一彦・樋口辰雄訳

価値自由と責任倫理

〔マックス・ヴェーバーにおける学問と政治〕現代ヨーロッパのヴェーバー研究をモムゼンとともに二分するといわれるシュルフターの画期的な論文。初版と改訂版の異同対象表付。　一八〇〇円

レヴィット著／柴田・脇・安藤訳

ウェーバーとマルクス

〝マルクス＝ウェーバー問題〟を初めて提起した初期レヴィットの代表的論文で、資本主義社会の自己疎外＝合理化にかんする両巨人の分析批判と理念の相異を比較検討した名著。　一八〇〇円

ギデンズ著／岩野弘一・岩野春一訳

ウェーバーの思想における政治と社会学

ウェーバーの思想の本質的統一性を理解する源泉として政治的著作を重視しつつ、彼の思想における政治と社会学の関連を解明する。イギリスの代表的社会学者による好箇の入門書。　一五〇〇円

（消費税別）

モムゼン著／得永新太郎訳
官僚制の時代
〔マックス・ヴェーバーの政治社会学〕今日なお社会学的問題である官僚制をヴェーバーは自由抑圧の装置として把えた。モムゼンによるヴェーバー官僚制論の平易・明快な入門書。二〇〇〇円

モムゼン著／中村・米沢・嘉目訳
〔新装版〕マックス・ヴェーバー
〔社会・政治・歴史〕現代ドイツの代表的歴史家が、時代に囚われながらも時代を超えているヴェーバーの思索と行動の軌跡をしめし、彼の思想と科学を一つの全体として把握する。三二〇〇円

モムゼン著／安・五十嵐・田中訳
マックス・ヴェーバーとドイツ政治一八九〇〜一九二〇Ⅰ
豊富な資料を駆使して叙述したヴェーバーの政治思想研究の基礎文献。その政治思想におけるニーチェからの影響、権力政治的要素の指摘などにより物議をかもした問題の書の翻訳。五八〇〇円

モムゼン著／安・五十嵐他訳
マックス・ヴェーバーとドイツ政治一八九〇〜一九二〇Ⅱ
第一次世界大戦までの時期を扱った第Ⅰ巻に続き第一次大戦〜ワイマール期のヴェーバーの政治思想。ナチズム前史との関連で彼の政治思想を叙述し論争の火種となった問題の書。六八〇〇円

安藤英治著
〔新装版〕マックス・ヴェーバー研究
〔エートス問題としての方法論研究〕戦争やマルクシズムをめぐる問題状況にあって理念型、主体、価値自由、客観性、合理性等、ウェーバー研究の新地平を拓いた労作の新装版。四八〇〇円

安藤英治著
ウェーバー歴史社会学の出立
〔歴史認識と価値意識〕ウェーバーに内在し、ウェーバー自身に即してその作品を理解しようとする動機探求方法による『プロ倫』論文の研究の集大成。梶山力訳復活を予告する。七八〇〇円

橋本努・橋本直人・矢野善郎編
マックス・ヴェーバーの新世紀
〔変容する日本社会と認識の転回〕シンポジウム「マックス・ヴェーバーと近代日本」を起点とする本書は、日本のヴェーバー研究の到達点と21世紀に向けて継承すべき課題を示す。三八〇〇円